Sammlung Vandenhoeck

V&R

Karl König

Charakter und Verhalten im Alltag

Hinweise und Hilfen

Vandenhoeck & Ruprecht
Göttingen · Zürich

Die Deutsche Bibliothek – CIP-Einheitsaufnahme

König, Karl:
Charakter und Verhalten im Alltag: Hinweise und Hilfen / Karl König. – Göttingen ; Zürich : Vandenhoeck und Ruprecht, 1995
(Sammlung Vandenhoeck)
ISBN 3-525-01428-7

Druck und Bindung: Hubert & Co., Göttingen

Inhalt

Die Psychologie der
Neurosen ist die
Psychologie des
menschlichen Herzens
überhaupt.

Ernst Kretschmer

Vorwort

In diesem Buch versuche ich, unser Alltagsverhalten mit Hilfe ausgewählter Bereiche der Neurosenlehre verständlich zu machen. Die psychoanalytische Neurosenlehre will ja menschliche Verhaltensweisen verstehbar machen. Sie ist eine Grundlage der psychoanalytischen Therapie, kann aber auch im Alltag dabei helfen, das eigene Verhalten und das Verhalten anderer zu begreifen.

Ich habe diesem Buch einen Ausspruch des psychodynamisch orientierten Psychiaters Ernst Kretschmer vorangestellt: Die Psychologie der Neurosen ist die Psychologie des menschlichen Herzens überhaupt. Damit wollte er sagen, daß neurotisches Erleben und Verhalten in ein Erleben und Verhalten übergeht, das bei allen Menschen vorkommen kann. Der Übergang zwischen neurotischem Erleben und Verhalten und »normalem« Erleben und Verhalten ist fließend.

Psychoanalytiker, die Patienten behandeln, haben wesentliche Erkenntnisse über normalpsychologisches Verhalten im Umgang mit ihren Patienten gewonnen und diese Erkenntnisse dann auch auf allgemein Menschliches angewandt: in der psychoanalytischen Sozial- und Kulturpsychologie. Wenn wir die Phänomene betrachten, um die es in diesem Buch geht, werden wir es schwer haben zu sagen, ob es sich noch um normales oder schon um pathologisches Verhalten handelt. Bekanntlich ist die Einschätzung menschlichen Verhaltens kulturabhängig: Was in einem Land als normal gilt, kann in einem anderen Land als pathologisch gelten und umgekehrt.

Die empirische Basis dieses Buches ist eine mehr als 25jährige Arbeit mit Patienten, deren Verhaltensweisen aus der Sicht der Gesellschaftsschicht, aus der sie stammen, zum Teil krankhaft, *pathologisch*, zum Teil normal war: normal im Sinne der Durchschnittsnormen, aber auch der gängigen Idealnormen. Empirische Basis dieses Buches ist ebenfalls die Supervision vieler Therapeuten in ihrer Arbeit mit Patienten.

Mit den Therapeuten, die sich mir zur Supervision anvertrauten, habe ich immer wieder darüber diskutiert, was man therapeutisch bearbeiten und was man belassen sollte, wie es ist. Dabei habe ich immer wieder dafür plädiert, daß ein Verhalten, unter dem der Verhaltensträger nicht leidet und unter dem auch andere nicht leiden, nur dann Gegenstand einer Therapie sein sollte, wenn daraus andere Verhaltensweisen oder Zustände folgen, unter denen der Patient oder andere Menschen leiden. Den Leser dieses Buches möchte ich bitten zu versuchen, eine ähnliche Position einzunehmen.

Wenn ich andererseits Phänomene beschreibe, die wohl den meisten Menschen als pathologisch erscheinen, tue ich das deshalb, weil ein pathologisches Erleben und Verhalten fast immer als eine Übersteigerung von Normalerleben und Normalverhalten aufgefaßt werden kann.

Wenn der Leser das Buch benutzt, um etwas über sich selbst herauszufinden, wird er sich in manchem wiedererkennen und seine Sichtweise von sich selbst vielleicht ändern. Die Möglichkeit, sich durch das Lesen eines Buches zu verändern, ist freilich begrenzt. Vielleicht wird der eine oder andere darauf kommen, daß es ihm nützen könnte, noch mehr für sich zu tun und in einer regulären Analyse an sich zu arbeiten, wobei der Therapeut in vieler Hinsicht Partner sein kann. Auch mein Buch »Kleine psychoanalytische Charakterkunde« hat unter anderem dieses Ziel: Selbstanalyse in begrenztem Umfang zu ermöglichen und zu einer Analyse zu motivieren, wenn Selbstanalyse nicht ausreicht.

In jenem Buch gehe ich von bestimmten Charakter*strukturen* aus und beschreibe das entsprechende Erleben und Verhalten. In dem vorliegenden Buch gehe ich von bestimmten Charakter*zügen* und *Verhaltensweisen* aus, meist ohne die Benutzung von Fachausdrücken. In angefügten Kommentaren, die in einer anderen Schrift gesetzt sind, stelle ich Verbindungen zur Fachsprache her.

ERIKA DZIMALLE und ELISABETH WILDHAGEN haben das Manuskript geschrieben. Ihnen danke ich für rasche und genaue Arbeit, ELISABETH WILDHAGEN auch für Hinweise bei der Fahnenkorrektur. Meiner Frau GISELA und meinem Sohn PETER danke ich für Diskussionen.

Eigene Interessen und die Interessen anderer

Wohl fast jeder Mensch kommt im Laufe seines Lebens in die Lage, zwischen eigenen Interessen und den Interessen anderer entscheiden zu müssen. In einem bekannten Kinderlied heißt es »Hänschen klein ging allein in die weite Welt hinein; Stock und Hut steht ihm gut, war gar frohgemut«, und dann »Doch die Mutter weinet sehr, hat ja nun kein Hänschen mehr; da besinnt sich das Kind, läuft nach Haus geschwind«. Hier entscheidet das Kind im Konflikt zwischen dem eigenen Interesse, die Welt zu erkunden, und dem Interesse der Mutter, es bei sich zu behalten, für das Interesse der Mutter. Freilich kann »Hänschen klein« ohne die Mutter gar nicht auskommen. Ein Kind würde wohl auch früher oder später aufgegriffen und zur Mutter zurückgebracht. Anders sieht es aber schon aus, wenn es sich um einen Jugendlichen handelt. Nach ERIKSON (1971) reicht die Adoleszenz, also die Zeit, in der ein Mensch in die Erwachsenenrolle hineinwächst, in einer westlichen Gesellschaft etwa bis zum 23. Lebensjahr, bei Studenten noch länger, weil sie ja erst Mitte zwanzig, und oft erst Ende zwanzig oder noch später ökonomisch unabhängig werden können. Zur Adoleszenz wird dann mindestens die Zeit hinzugerechnet, in der Menschen in unserer Gesellschaft als Heranwachsende bezeichnet werden. Mit einundzwanzig Jahren erlangt man in Deutschland das passive Wahlrecht, kann also für Ämter gewählt werden; das aktive Wahlrecht hat man bekanntlich schon mit 18 Jahren. Um die Jahrhundertwende konnte man durchaus mit 23 Jahren ein Studium abgeschlossen haben. Geselle kann man in noch jüngeren Jahren werden.

In die Zeit der Adoleszenz fällt nun auch die äußere Trennung vom Elternhaus. Junge Männer und mehr und mehr auch junge Frauen verlassen es, bevor sie eine eigene Familie gründen. Früher war es üblich, daß eine junge Frau in der Familie des Mannes lebte oder der Mann, wenn er zum Beispiel in einen Bauernhof einheiratete, in der Familie der Frau.

In unseren Zeiten größerer sozialer, aber auch geographischer Mobilität ist es seltener geworden, daß jemand den Beruf des Vaters übernimmt, oder auch nur, daß er am gleichen Ort die Arbeit findet, für die er sich ausgebildet hat. Wer im Beruf weiterkommen will, muß im allgemeinen bereit sein, sich vom Elternhaus örtlich zu trennen.

Heute wird insgesamt mehr auf die Begabung und die Interessen des einzelnen geachtet. So kann sich jemand dagegen entscheiden, einen Bauernhof, einen Handwerksbetrieb oder eine Arztpraxis zu übernehmen, weil anderes ihn mehr interessiert oder er für anderes mehr Begabung spürt. Gleiches gilt immer mehr auch für Frauen, seit es üblich geworden ist, daß Frauen eine Berufsausbildung anstreben, die in der Qualität denen der männlichen Geschwister entspricht.

Aus diesen sozialen Veränderungen ergeben sich nun häufiger als früher Konflikte. Die Eltern möchten ihre Kinder oft gerne bei sich oder zumindest in der Nähe behalten. Sie möchten, daß das Ergebnis ihrer Lebensarbeit nicht in fremde Hände gerät, sondern daß ein Sohn oder eine Tochter den Betrieb weiterführen oder, wenn kein Betrieb da ist, doch die Tradition der Familie. Die Kinder können ihr eigenes Leben nicht leben, ohne den Eltern wehzutun.

Sind die Eltern alt und pflegebedürftig geworden, möchten viele, daß sich die Kinder um sie kümmern, was diese aber nicht ohne erhebliche Verzichte auf eigene Lebensmöglichkeiten tun könnten. Auch hier kommt es bekanntlich zu schweren inneren und äußeren Konflikten.

Es kann schwere Konflikte geben, wenn junge Leute sich entscheiden müssen, ob sie ein Kind in die Welt setzen wollen; heute häufiger als früher lautet die Entscheidung auch, ob man ein Kind »behalten«, also austragen, oder die Schwangerschaft abbrechen will. Diese neu gewonnene Freiheit schafft natürlich Konflikte zwischen den Lebensinteressen der Eltern und den Lebensinteressen des werdenden Kindes.

Ist das Kind geboren, bindet es die Kräfte der Eltern heutzutage mehr als in früheren Zeiten, als in der Großfamilie meist jemand da war, der sich um die Kinder kümmern konnte.

Gleichzeitig sind die Ansprüche an die Qualität der elterlichen Versorgung größer geworden, gerade in der oberen Mittelschicht. Manche Mütter und Väter lösen das Problem zwischen den Verpflichtungen der Mutterschaft und dem Wunsch – man könnte auch sagen: der inneren, oft aber auch von der Umgebung vertretenen Verpflichtung – zur beruflichen Selbstverwirklichung dadurch, daß sie ihre Kinder überallhin mitnehmen, zum Beispiel in Fortbildungsveranstaltungen, in denen es dann zu einem Konflikt zwischen der Mutter und dem übrigen Auditorium kommen kann, das sich durch das Schreien eines Kindes gestört fühlt.

Wenn ich von einer Pflicht zur Selbstverwirklichung spreche, meine ich, daß man den Konflikt zwischen Selbstverwirklichung und der Rücksichtnahme auf andere auch auf dem Hintergrund eines Schuldbegriffs betrachten kann: Man macht sich schuldig, wenn man anderen wehtut, und man macht sich schuldig an sich selbst, wenn man auf eigene Entwicklungsmöglichkeiten verzichtet. Menschen, die auf eigene Entwicklungsmöglichkeiten verzichtet haben, machen sich das später oft zum Vorwurf.

Häufig gibt es auch Konflikte zwischen dem Wunsch nach Selbstverwirklichung und dem Wunsch, für die Familie da zu sein. Fast alle berufstätigen Mütter und zunehmend auch die berufstätigen Väter kennen diesen Konflikt.

Schon in früheren Zeiten war ein Konflikt zwischen verschiedenen Beziehungen häufig. So kann ein Mann bekanntlich in den Konflikt geraten, ob er sich bei einem Streit seiner Frau mit deren Mutter auf die Seite seiner Frau oder seiner Schwiegermutter stellen soll. Männer, zunehmend aber auch Frauen, geraten in Konflikte zwischen ihrer Loyalität einer Firma gegenüber und der Familie gegenüber. Bei der Vereinbarung von Urlaubsterminen erwarten die Mitarbeiter im gleichen Betrieb voneinander, daß sie aufeinander Rücksicht nehmen. Gleichzeitig verlangen die Partner oder die Kinder, daß auf sie Rücksicht genommen wird. In der früheren Sowjetunion ging man mit diesem Problem so um, daß es zur Regel erklärt wurde, daß Mann und Frau getrennt Urlaub machten, und auch die Kinder machten ab einem gewissen Alter in den Pionierlagern ihren eigenen Urlaub.

Die Sachlage wird noch dadurch kompliziert, daß es Urlaubstermine gibt, die für den Betrieb in seiner Gesamtheit ungünstig sind; zum Beispiel, wenn jemand Urlaub zu einer Zeit nehmen will, zu der viel zu tun ist. Die anderen müssen dann noch mehr arbeiten, und das Betriebsergebnis wird beeinträchtigt, weil die Arbeit unter Zeitdruck schlechter getan wird.

Es gibt Menschen, die sich immer für den anderen entscheiden, wenn es um solche Konflikte geht. Ihre eigenen Interessen stellen sie zurück. Sie gelten als kooperativ und im Umgang angenehm, sind innerlich aber oft unzufrieden. Vielfach werden sie auch leichter krank.

Andere wieder entscheiden ganz nach ihren eigenen Interessen. Einem Künstler oder Erfinder oder einem Arzt, also den Angehörigen von Berufen, denen eine besondere Wichtigkeit zuerkannt wird, sieht man das leichter nach. Wenn jemand Kunstwerke schafft oder Dinge erfindet, die der Gesamtgesellschaft nutzen, wird das als höherer Wert akzeptiert. Der Betreffende entscheidet sich nicht nur für sich, sondern letztlich auch für andere. Ein Arzt, der seine Freizeit den Patienten opfert, tut das nicht nur für sich selbst, sondern auch für andere, aber eben auch für sich selbst; zum Beispiel weil er gern arbeitet. Tatsächlich kann es sein, daß ein Arzt unter großen äußeren Druck gerät, sich für seine Patienten einzusetzen, ein Erfinder seine Erfindungen nur machen kann, wenn er die Zeit auf ein Minimum reduziert, die er mit seiner Familie verbringt. Ein Künstler kann seine Familie hungern lassen, um die Kunstwerke zu schaffen, die er schaffen will. Tatsächlich hat das alles aber noch eine weitere Seite. Künstler und Erfinder, aber auch der Arzt, gewinnen Ansehen. Dem Arzt, der sich viel für seine Patienten einsetzt, wird es von denen – auch heute noch – gedankt, während man es als selbstverständlich ansieht, daß die Familie des Arztes in ihren Interessen zurücksteckt.

Oft braucht es Mut, zu seinen Interessen zu stehen. Wer zu seinen Interessen steht, muß oft soziale Ablehnung oder moralisch begründete Vorwürfe aushalten. Da nimmt es nicht wunder, daß altruistische Motive vorgeschoben werden. So kann jemand, dem es schwerfällt, die eigenen Interessen zu vertreten, andere vorschieben; zum Beispiel die Familie, die gern mit ihm Urlaub machen will oder den Partner, dem es erspart bleiben soll, einen entsprechenden Konflikt in dem Betrieb auszutragen, wo er arbeitet.

Manche Menschen, die sich regelmäßig für ihre eigenen Interessen entscheiden, tun das deshalb, weil ihnen die anderen Menschen tatsächlich unwichtig sind. Sie haben so recht keine Beziehung zu ihnen. Diesen Menschen fällt es leicht, eigene Interessen in den Vordergrund zu stellen. Sie tun das mit einer gewissen Selbstverständlichkeit, die oft gerade von den Menschen bewundert wird, die ihre Interessen immer zurückstellen. Es gibt ein Tier, das eigentlich immer nach den eigenen Interessen handelt: die Katze. Dagegen kann ein Hund zumindest so dressiert werden, daß er die Interessen der Menschen in den Vordergrund stellt, bei denen er lebt. Man spricht auch von einem treuen Wachhund oder erzählt von einem Hund, der auf dem Grabe seines Herrn verhungert ist. Katze und Hund sind geeignet, die gegensätzlichen Einstellungen zu symbolisieren, von denen hier die Rede ist.

Auf die eigenen Interessen achten und sie in den Vordergrund stellen und auf die Interessen anderer achten und sie in den Vordergrund stellen – diese Verhaltensweisen liegen an entgegengesetzten Polen eines Kontinuums. Es gibt verschiedene Mischungsverhältnisse zwischen diesen beiden Einstellungen. Extrem ausgeprägt sind sie beide ungünstig. Wer immer nur seine eigenen Interessen in den Vordergrund stellt, wird auf die Dauer meist soziale Nachteile erleiden und so im Leben auch nicht das erreichen, was er sich wünscht. Wer immer die Interessen anderer in den Vordergrund stellt, wird beliebt, aber unzufrieden, vielleicht auch erfolglos sein.

Diese Unzufriedenheit ist bei manchen Menschen unbewußt, sie äußert sich dann oft in Form von psychosomatischen Störungen. Jeder Arbeitgeber oder Vorgesetzte kennt Mitarbeiter, denen man alles aufbürden kann, bis sie krank werden. Andererseits kennen wir alle den rücksichtslosen und deshalb unsympathischen Menschen, der immer nur auf seinen Vorteil aus ist.

Jemand, der gewohnt ist, seine eigenen Interessen in den Vordergrund zu stellen, sollte überlegen, ob das wirklich immer zu seinem Vorteil ist. Die sozialen Mittel- und Langzeitfolgen können unter Umständen den momentanen Gewinn mehr als aufwiegen. Den negativen sozialen Folgen kann man durch altruistische Begründungen entgegenwirken, diese müssen aber überzeugend sein und wirken oft nicht bei engeren Beziehungspersonen, die erkennen, wie hoch der Anteil an Eigeninteressen im Vergleich mit den altruistischen Motiven wirklich ist.

Wer die Interessen anderer immer in den Vordergrund stellt, sollte sich überlegen, ob er damit den anderen nützt und ob das die Beziehung verbessert. Wer seine eigenen Interessen zurückstellt, wird oft mit leiser Verachtung als jemand angesehen, »mit dem man es eben machen kann«. Oft wird von der Umwelt auch nicht mehr wahrgenommen, daß in solchem Verhalten ein Verzicht liegt. Die Mitmenschen denken dann, der Betreffende habe einfach kein Interesse an Lebensmöglichkeiten, die für andere wichtig sind. Zum Beispiel kann der Eindruck entstehen, daß jemand seinen Urlaub sowieso nicht genießt, wenn es ihm egal zu sein scheint, wann er in Urlaub fährt, so daß man glaubt, ihn guten Gewissens bei den Urlaubsterminen benachteiligen zu können. Jemand, der im Beruf immer Aufgaben übernimmt, die nicht gern übernommen werden, weil sie das Privatleben einschränken, wird vielleicht als jemand gesehen, der an seinem Privatleben wenig Interesse hat und den man guten Gewissens zu Zeiten Dienst machen lassen kann, in denen andere gerne mit Familie, Freunden oder Bekannten zusammen sind. Gerade das, was viele Menschen zu erreichen wünschen, die ihre Interessen zurückstellen, erlangen sie oft nicht. Sie werden wenig geachtet und schon gar nicht geliebt. *Niemand wird geliebt, weil er etwas für andere tut.* Auf ein Verhalten, das eigene Interessen immer in den Hintergrund stellt, kann man mit Dankbarkeit reagieren, aber nicht mit Liebe. Oft reagiert die Umwelt jedoch mit einem schlechten Gewissen, das sie dann vielleicht durch die Konstruktion zu besänftigen sucht, daß der Betreffende auf etwas verzichtet, von dem er sowieso nicht viel hat. Manchmal wird auch angenommen, der Betreffende wolle sich Zuneigung durch das aufopfernde Verhalten »erschleichen«. Erkrankt jemand, der seine eigenen Interessen immer wieder zurückgestellt hat, ärgern sich die Kollegen, weil sie seine Arbeit machen müssen, und denken wenig daran, welche Vorteile sie von der »altruistischen« Einstellung ihres Arbeitskollegen hatten. Insgesamt kann man sagen: Ein Verhalten, das eigene Interessen und die Interessen anderer berücksichtigt, macht meist beliebter als ein Verhalten, das eigene Interessen immer in den Hintergrund stellt.

Es gibt aber auch Menschen, die ihre eigenen Wünsche gar nicht spüren und ihre eigenen Interessen deshalb nicht sehen. Die eigenen Wünsche bleiben unbewußt. Ist jemand nicht stark genug, um über das eigene Handeln selbst entscheiden zu können, ist es manchmal besser, nicht alle seine Wünsche zu kennen. Manche solche Menschen fördern die Entwicklung anderer und freuen sich, wenn ihnen das gelingt. Sie leben gewissermaßen durch diese anderen. Ein solches Verhalten ist häufig. Es kann ein gewisses Maß an Lebenszufriedenheit bringen.

Wir unterlassen vieles, weil es nicht üblich zu sein scheint oder weil wir nicht aufdringlich wirken wollen. Dadurch versäumen wir es, anderen Leuten eine Freude zu machen und uns selbst mitzufreuen. Zum Beispiel wird in vielen Beziehungen häufiger kritisiert als mit Worten anerkannt. Manchmal tut man natürlich auch etwas für andere, indem man sie kritisiert.

Oft kostet es nur geringe Mühe, etwas für einen anderen Menschen zu tun. Zum Beispiel kann man das Gute sagen, das man von ihm denkt. Problematisch wird es, wenn man für andere Menschen sehr viel arbeitet und auf eigene Lebensmöglichkeiten verzichtet, um die Entwicklung anderer zu fördern. Viele Menschen verhalten sich ihren Kindern gegenüber so. Das Ergebnis ist nicht immer erfreulich. Die Kinder fühlen sich unter einem Verpflichtungsdruck, Wünsche der Eltern, zum Beispiel bei der Berufswahl, zu berücksichtigen. Manche, heute noch vor allem Frauen, und unter ihnen vor allem die in der Geschwisterreihe jüngsten Töchter, verzichten unter Umständen sogar auf eine eigene Partnerschaft, um für die Eltern da zu sein, etwa um sie zu pflegen. Für alte Menschen da zu sein und sie zu pflegen erfordert besonders hohe Verzichte, gerade wenn es sich um die eigenen Angehörigen handelt. Alte Menschen im Krankenhaus oder im Altenheim zu pflegen ist eine Berufstätigkeit. Man tut diese Arbeit aus einem gewissen Abstand heraus und wird dafür bezahlt. Das Geld kann man dann für sich selbst ausgeben. Alte Eltern zahlen einem nichts, vielleicht werden sie einem etwas vererben. Das wiegt aber die Lebensmöglichkeiten oft nicht auf, die einem Sohn oder einer Tochter entgehen. Leichter ist es, sich für Kinder einzusetzen, die ein Stück eigene Zukunft repräsentieren. Bei der Pflege alter Menschen geht es darum, ihnen die verbleibende Lebenszeit angenehm zu machen. Eine Entwicklung findet in der Regel nicht mehr statt. Der Aufwand ist im Verhältnis zum Erreichbaren oft groß. Wenn Eltern sich das klar machten, würden sie von den Kindern nicht so viel erwarten. Für die Beziehung zu den Kindern ist es meist von Nachteil, wenn die Eltern erwarten, daß die Kinder durch Einsatz für die Eltern eine Dankesschuld abtragen. Das tun sie besser in der Weise, daß sie ihr eigenes Leben leben und das von den Eltern Empfangene in irgendeiner Form an die kommende Generation weitergeben. Es wäre oft auch besser, wenn Kinder bezüglich ihres Umgangs mit den Eltern nicht so viel von sich selbst erwarten würden.

Es gibt Berufe, die hohe Ansprüche an die Einsatzbereitschaft und auch an die Verzichtbereitschaft stellen, was das eigene Privatleben angeht, und die als sehr befriedigend erlebt werden. Beim Arztberuf ist es so. Es würden wahrscheinlich nicht derart viele Söhne von Ärzten wieder Ärzte werden wollen, wenn ihnen die Eltern ein unattraktives Leben vorlebten. Sicher spielt das bis jetzt noch hohe Ansehen des Arztes eine Rolle, sicher auch die bis jetzt noch gute Bezahlung. Es scheint aber doch eine besondere Befriedigung darin zu liegen, sich für andere Leute einzusetzen und ihnen zu helfen, was auf die Umgebung ausstrahlt und den Beruf erstrebenswert erscheinen läßt.

Auch von Ärzten kann man hören, daß es ihnen leichter fällt, sich für junge Menschen einzusetzen, als für alte. Ihnen gegenüber kommen sie leicht in die Rolle des Kindes, das eine besondere moralische Verpflichtung fühlt, sich für die Eltern einzusetzen, und daraus hauptsächlich die Befriedigung zieht, den Moralgesetzen entsprochen zu haben.

In der Medizin gibt es einen Bereich, in dem man sich besonders oft mit Menschen mitfreuen kann, die Geburtshilfe. Es ist mir schon als Medizinstudent aufgefallen, später auch als Medizinalassistent in einer Frauenklinik, wie befriedigend es für die Kreißsaalassistenten und für viele Hebammen war, sich nach der Geburt mit einer Mutter mitfreuen zu können. Wer sich über neugewonnene Lebensmöglichkeiten nicht mitfreuen kann – sei es, daß es einem Patienten besser geht, sei es, daß eine Mutter ein Kind zur Welt gebracht hat, sei es, daß die Angehörigen sich über ein gerettetes Leben freuen oder der Patient über hinzugewonnene Lebenszeit – kann sich diese Freude wohl nur schwer vorstellen.

Gelegenheiten zum Mitfreuen gibt es immer wieder. Sie wiegen eigene entgangene Lebensmöglichkeiten auf, zum Beispiel den vom Arzt vielfach geforderten Verzicht auf Freizeit.

Wegen der langen Behandlungszeiten ist das ganz große Sich-Mitfreuen in der Psychotherapie eher selten. Man muß als Psychotherapeut lernen, sich bei kleinen Fortschritten zu freuen, und sich vor Augen halten, daß die Zahl der gebesserten oder geheilten Patienten größer ist als in fast jedem anderen Fach.

In diesem Kapitel ging es um den Konflikt zwischen Selbstverwirklichung und Beziehung. Mit solchen Konflikten haben vor allem solche Menschen zu tun, die sich selbst und die Menschen, mit denen sie umgehen, jeweils einseitig bewerten. *Narzißtische Menschen* bewerten sich über und nehmen andere nicht wichtig (oder wichtig nur in ihren Funktionen, nicht als Personen).

Für *depressive Menschen* sind die anderen wichtig, sie werden als Personen wahrgenommen. Im Vergleich zu den anderen empfinden sie sich selbst als weniger wichtig.

Die Entscheidung zwischen den eigenen Interessen und den Interessen anderer spielt in allen Lebensphasen eine Rolle: Wenn das Kind den Eltern gegenüber eine eigene Meinung vertritt; in der Adoleszenz, wo es gilt, die Ursprungsfamilie zu verlassen und vielleicht eine eigene zu gründen, wenn man eigene Kinder hat und im fortgeschrittenen Alter, wenn man die Kinder gehen lassen muß. Aber auch im Umgang mit dem eigenen Partner, mit Arbeitskollegen, Mitarbeitern und Vorgesetzten, auch im Umgang mit der Firma als Ganzer gilt es oft zu entscheiden, ob man eigene Interessen oder die Interessen anderer in den Vordergrund stellen will. Es gibt Berufe, die ein hohes Ansehen deshalb genießen, weil sie als altruistisch gelten und andere wieder, die wenig angesehen sind, weil man den Angehörigen dieser Berufe ein egoistisches Verhalten zuschreibt.

Im Zusammenhang mit dem vorstehenden Kapitel ist der Abwehrmechanismus der *altruistischen Abtretung* wichtig. Man kann etwas für andere tun und sich mitfreuen, wenn es diesen anderen gut geht.

Aggression und Friedfertigkeit

Was Ärger auslöst und wie stark dieser Ärger dann im Verhältnis zum Anlaß ist, ist bei verschiedenen Menschen unterschiedlich. Wer möchte, daß »alles in Ordnung geht« und reibungslos funktioniert, ärgert sich bereits über kleine Unordentlichkeiten und Funktionsmängel, zum Beispiel wenn in einem Hotelzimmer eine Birne durchbrennt oder ein Handtuch fehlt. In einem Restaurant ärgern solche Menschen sich, wenn das Bier drei Millimeter unter der Marke eingeschenkt ist. Wenn sie eine Reise tun, ärgern sie sich über Zeitangaben, die nicht ihre Gehgeschwindigkeit zugrundelegen. Eine Partnerin kann noch so große Vorzüge haben, wenn sie die Kappe nicht auf die Zahnpastatube schraubt, gibt das Anlaß zu großem Ärger, manchmal bis hin zu Trennungswünschen.

Solche Menschen haben meist zwei Befürchtungen, die man nicht verwechseln sollte. Erstens fürchten sie, daß ein Chaos entsteht, wenn irgendwo Unordnung einzureißen beginnt. Zum anderen fühlen sie sich persönlich angegriffen, wenn sie etwas nicht so vorfinden oder wenn etwas nicht so läuft, wie sie es sich vorgestellt haben. Meist ist die letztere Befürchtung beziehungsweise Vorstellung die unangenehmere. Daß ein Chaos ausbrechen wird, ist rational wenig wahrscheinlich, wenn eine Lampe durchbrennt, ein Handtuch fehlt oder ein Bier unterm Strich eingeschenkt ist. Macht man sich die Befürchtung erst einmal klar, läßt sich mit rationalen Überlegungen dagegen angehen. Außerdem hat es der Gast in der Hand, sich zu beschweren und so an der Situation etwas zu verändern. Empfindet jemand aber eine Unachtsamkeit als gegen sich oder gegen eine Gruppe, der er angehört, gerichtet, läßt sich das weniger leicht überprüfen und es läßt sich dagegen auch weniger leicht etwas daran ändern. So kann ein Gast in einem Hotel, wenn eine Birne durchbrennt, denken, »Natürlich muß mir das wieder passieren«, so als ob er kleine oder große Unglücksfälle quasi anzieht, weil eine höhere Macht ihm übel will. Wenn das Handtuch fehlt, kann er denken, man gebe sich um ihn als Gast keine Mühe. Schließlich wäre es möglich gewesen, den Stand des Hotelzimmers zu überprüfen, bevor ein neuer Gast kommt. Der Betreffende könnte zum Beispiel auch denken, daß man in dem Land, das er besucht, deutsche Gäste nicht mag und daß sich das in einem schlechten Service ausdrückt. Ist ein Bier unterm Strich eingeschenkt, kann er denken, daß man meint, »Mit dem können wir es machen.« So etwas läßt sich natürlich schwer nachprüfen.

Es gibt auch Menschen, die in Situationen keinen Ärger empfinden, wo andere sich ärgern würden. Sie wehren sich dann oft nicht in Situationen, wo es gut für sie wäre, wenn sie sich wehrten. So merken sie zwar, daß man sie etwa als Gast schlecht behandelt oder daß der Kellner sich zu seinen Gunsten verrechnet, ärgern sich aber nicht, sondern stellen nur richtig oder reklamieren. Das hat meist noch keine nachteiligen Folgen. Man könnte sagen, daß eine Situation verbessert wird, ohne daß ein Gefühl des Ärgers zum Handeln triebe. Manchmal hat das ein besonders zweckmäßiges Handeln zur Folge. Anders ist es schon, wenn jemand eine schlechte Behandlung in einem Hotel herunterspielt, um sich nicht auseinandersetzen zu müssen. Manche Menschen übersehen sogar Anlässe, sich zu ärgern. So vermeiden sie es grundsätzlich, eine Rechnung im Restaurant nachzuprüfen, weil sie nicht in die Lage kommen möchten, reklamieren zu müssen. Oder sie lassen sich die Notwendigkeit einer Reparatur an ihrem Auto nicht erklären, mit der Begründung, der Fachmann müsse schon wissen, was notwendig sei. Entsprechendes gilt oft auch für den Umgang mit Ärzten. Einer vorgeschlagenen Operation wird ohne weiteres zugestimmt, und das selbst bei Operationen, von denen heute schon der Laie weiß, daß sie oft durchgeführt werden, ohne wirklich notwendig zu sein – zum Beispiel eine Entfernung der Gebärmutter bei einer Erkrankung, die auch andere, zweckmäßigere Wege der Therapie offenließe. Menschen dagegen, die ihr eigenes Urteilsvermögen einsetzen wollen, werden von Menschen, die grundsätzlich darauf verzichten, oft negativ beurteilt. Zum Beispiel werden sie, selbst wenn ein Infragestellen oder auch nur ein Überprüfen nach Lage der Dinge zweckmäßig wäre, als Querulanten dargestellt, also als Menschen, die sich um des Streites willen streiten und dabei maßlos übertreiben.

Daß sich jemand scheinbar nie ärgert, kann auch mit einem schlechten Selbstwertgefühl zusammenhängen. Der Betreffende kann sich denken, daß er bei einer möglichen Auseinandersetzung ohnehin den Kürzeren ziehen würde, oder er kann denken, daß so einer wie er eben kein Recht darauf habe, Ansprüche zu steilen.

In Beziehungen zu einem Partner kann der oder die Betreffende auch denken, er oder sie sei so wenig wert, daß er oder sie froh sein könne, wenn jemand bei ihm oder ihr bleibe. Das Äußern von Ärger wird vermieden, um die Beziehung nicht zu gefährden. Solche Menschen richten den Ärger dann oft gegen sich und machen sich den Vorwurf, an Problemen in der Beziehung allein schuld zu sein. Das ist immer noch weniger gefährlich als den anderen zu kritisieren und damit die Beziehung, wie sie meinen, aufs Spiel zu setzen.

Menschen, die keinen Ärger spüren, bei denen also Ärger, wie man sagt, ganz und gar blockiert ist, haben oft in der Kindheit schlechte Erfahrungen damit gemacht, Menschen gegenüber, die wichtig für sie waren, Ärger zu äußern. Diese Blockierungen nehmen sie in das Erwachsenenalter mit, also in eine veränderte Lebenssituation, in der Äußerungen von Ärger in der Regel keine so nachteilige Folgen mehr hätten, unter anderem auch deshalb, weil Erwachsene über Erwachsene meist weniger Macht haben als Erwachsene über kleine Kinder.

Jemand, der so gut wie keinen Ärger empfindet, wundert sich vielleicht über andere, die sich ärgern und denkt dann vielleicht, alle Menschen müßten so »friedfertig« sein wie er selbst. Die Unfähigkeit, Aggressionen zu spüren, können die meisten Menschen bei sich selbst schwer erkennen. Die Motive dafür, daß sie Aggressionen nicht bewußt werden lassen, sind zum größten Teil unbewußt. Solchen Menschen fällt es allenfalls im Vergleich auf, daß sie weniger Aggressionen empfinden als andere. Sie sehen das aber meist als einen Vorzug an. Wenn jemand glaubt, alle Menschen sollten so friedfertig sein wie er selbst, wenn er sich selbst in diesem Punkt also zum Maßstab von Normalität nimmt, wird er schwer davon zu überzeugen sein, daß sein Erleben und Verhalten gerade nicht »normal« ist, weil ein ganzer Impulsbereich im Umgang mit Menschen ausfällt.

Das kann soziale Nachteile haben, oft hat es aber auch *soziale* Vorteile. Friedfertige Menschen sind beliebt. Werden sie benachteiligt, wehren sie sich nicht. Sie sind im Umgang bequem.

Es gibt aber auch Menschen, die einen aggressiven Impuls empfinden, ohne sich in der Lage zu fühlen, ihm zu folgen. Dafür habe ich bereits einige Beispiele gegeben. Ich habe auch dargestellt, daß solche Menschen oft Situationen vermeiden, in denen sie aggressiv reagieren könnten. Für solche Menschen kann es hilfreich sein, wenn sie versuchen, sich klarzumachen, was sie fürchten. Die bewußten Befürchtungen haben mit den unbewußten oft eine gewisse Ähnlichkeit. Schon deshalb denken da viele nur undeutlich hin. Wer aber nicht weiß, was er fürchtet, kann auch nicht überprüfen, ob das Befürchtete eintritt, wenn er sich einmal probeweise über seine Angst hinwegsetzt. Weiß er dagegen über seine bewußten Befürchtungen Bescheid, kann er durch Versuch und Irrtum lernen. Seine Befürchtungen werden manchmal eintreten, oft aber auch nicht, und er wird herausfinden, wann das eine oder das andere der Fall ist.

Schwieriger ist es schon mit den ganz unbewußten Befürchtungen. Hinter die kann man im allgemeinen nur mit Hilfe eines Therapeuten kommen. Am häufigsten wird gefürchtet, die Beziehung zum anderen könne gestört werden, wenn man versucht, seinem Ärger Ausdruck zu geben. Entgegen dem, was man vielleicht erwarten würde, spielt die Angst vor einem Gegenangriff meist nur eine geringe Rolle. Eine solche Gefahr läßt sich oft gut einschätzen, und man kann rational entscheiden, ob man die Gefahr eines Gegenangriffs riskieren will. Dagegen sind die Befürchtungen, eine Beziehung könne durch Aggressionen ganz zerstört werden, in der Regel übersteigert. Sie beruhen meist auf einer unrealistischen Einschätzung des anderen. Manchmal wird vermutet, der andere sei ebenso extrem kränkbar wie man selbst, in anderen Fällen wird die Beziehung zu einem bestimmten Menschen für so lebenswichtig gehalten, daß man sie auf gar keinen Fall gefährden möchte. Der Erwachsene fühlt sich dann von anderen so abhängig wie ein Kind, das noch nicht für sich selbst sorgen kann.

Andere Menschen wieder können Spannungen schwer ertragen. Wenn »dicke Luft« entstanden ist, tut ihnen das fast körperlich weh. Auch hier handelt es sich wahrscheinlich um unbewußte Phantasien, der andere könnte einen »verdursten und verhungern« lassen.

Das Gegenstück zum Menschen, der jede Aggression vermeiden möchte, ist der leicht provozierte, aufbrausende Typ. Solche Leute bezeichnet man im allgemeinen als jähzornig. Sie haben wenig Kontrolle über ihre aggressiven Gefühle. Im Gegensatz zu den aggressiv gehemmten Menschen machen sie sich über Folgen aggressiver Akte zunächst oft keine Gedanken. Es geht ihnen nur darum, eine innere aggressive Spannung nach außen loszuwerden. In unserer Gesellschaft hat ein solches Verhalten schwere Nachteile. Jähzornige Menschen sind im Gegensatz zu den aggressiv gehemmten, friedfertigen Menschen meist unbeliebt. Von manchen sagt man allerdings, daß sie zwar jähzornig sind, aber dennoch ein gutes Herz haben. Damit das sich herausstellen kann, ist aber nötig, daß eine Beziehung längere Zeit erhalten bleibt. Das wird dann nicht der Fall sein, wenn Menschen, die unter den Angriffen des Jähzornigen zu leiden haben, über die Möglichkeit verfügen, sich von ihm zurückzuziehen.

Außerhalb der Familie haben im allgemeinen nur Vorgesetzte die Möglichkeit, eine Beziehung zu Menschen lange Zeit fortzusetzen, obwohl sie ihrem Jähzorn freien Lauf lassen. Hat ein jähzorniger Chef sonst Vorzüge, können sich Mitarbeiter entschließen, es bei ihm auszuhalten. In den meisten Betrieben wird heute aber Wert darauf gelegt, daß Vorgesetzte mit ihren Mitarbeitern freundlich umgehen. Einem jähzornigen Vorgesetzten werden Führungsqualitäten meist abgesprochen.

Manche jähzornigen Menschen verhalten sich so, weil sie ein entsprechendes Vorbild hatten, zum Beispiel den eigenen Vater – während andere mit einem ebensolchen Vater gerade bemüht sind, ihre aggressiven Impulse zu beherrschen, weil sie es »besser machen« wollen als der Vater. Viele jähzornige Menschen haben aber nicht gelernt, auf die Reaktionen ihrer Umwelt zu achten. Andere wieder können innere Spannungen, gleich welcher Art, schlecht aushalten. Wenn sie wütend sind, denken sie nur daran, die innere Spannung loszuwerden. Anderen wieder »passiert es«, daß ihre Aggressivität durchbricht. Man sagt, daß ihnen »der Fuß ausrutscht«.

Je mehr Macht jemand in Beziehungen hat, um so unwahrscheinlicher ist es, daß er sein Verhalten ändern wird. Von dem Chirurgen Sauerbruch wird berichtet, daß er seine Mitarbeiter in Gegenwart von Patienten aggressiv kritisierte, so daß es selbst den Patienten zu viel wurde. Anscheinend haben aber nur wenige gewagt, ihm das zu sagen. In seiner Autobiographie berichtet Sauerbruch (1979) von einem Dompteur, der ihm sagte, daß er auf jemanden, der ihn so behandeln würde wie Sauerbruch seine Mitarbeiter, seine Löwen loslassen würde.

In der Familie wird heute noch am ehesten Macht ausgeübt. Kinder sind von Eltern in einem Maße abhängig, das sich im Erwachsenenleben selten wiederfindet. Ein Arbeitgeber, der während einer Wirtschaftskrise Leute entlassen muß, tut das meist nicht willkürlich. Er wird durch Zweckmäßigkeitserwägungen geleitet. Sein Schicksal ist mit dem seines Betriebes verknüpft. Er wird jene Leute entlassen, die zur Produktivität des Betriebes am wenigsten beitragen und deren Entlassung am wenigsten böses Blut machen wird. Entließe er willkürlich, würde er das Betriebsklima in unerträglicher Weise verschlechtern und seine Mitarbeiter würden ihn in Scharen verlassen, sobald sich die Wirtschaftslage bessert.

Im Grunde übt in einer solchen oder ähnlichen Situation Macht derjenige aus, der es in Kauf nimmt, gegen seine eigenen Interessen jemanden zu behalten. Er macht ihm damit ein Geschenk, das er aber jederzeit wieder zurücknehmen könnte, und bringt den Betreffenden dadurch in seine Gewalt. Ich würde jedem, der nicht entlassen wurde, obwohl er unter Berücksichtigung der Sachargumente hätte entlassen werden müssen, dringend raten, zu überlegen, ob er sich nicht aus der ungekündigten Stellung heraus nach einer neuen Stelle umsehen will. Manchmal geht das nicht, zum Beispiel dann, wenn am Ort eine neue Stelle nicht zu bekommen wäre, oder wenn der Betreffende damit rechnen müßte, daß der Chef, bei dem er sich bewirbt, den bisherigen Arbeitgeber informiert, was dann zu seiner Entlassung führen kann.

Analoges gilt auch sonst: Wer einem anderen etwas gibt, das er zurücknehmen könnte, wenn es ihm paßt, ohne sich selbst dabei wesentliche Nachteile einzuhandeln, bringt den anderen in seine Gewalt, wenn das Geschenk ein gewisses Maß überschreitet. Jeder, der ein Wahlamt übernimmt und für den es kränkend wäre, nicht wiedergewählt zu werden, begibt sich in die Abhängigkeit seiner Wähler.

Wer Angst vor eigenem inneren Chaos hat, bekämpft Chaos in seiner Umgebung. Das tun vor allem Leute mit einer *zwanghaften Charakterstruktur*. Hier geht es auch um *paranoide Beziehungsideen*: Was einfach nur so passiert, wird als gegen einen selbst gerichtet verstanden. Wer dazu neigt, das Handeln der Menschen, mit denen er umgeht, so zu interpretieren, unterstellt ihnen oft die eigenen aggressiven Gefühle, die er selbst nicht erleben darf. Er *projiziert*.

Ärger kann aber auch empfunden werden, ohne daß er Einfluß auf das eigene Handeln hat. Der Betreffende ärgert sich im stillen, setzt sich aber nicht durch. Provokationen werden oft bagatellisiert, damit man sich nicht mit anderen auseinandersetzen muß. Ein solches Verhalten findet sich bei Menschen mit einer *phobischen Charakterstruktur*. Sie haben ein großes Harmoniebedürfnis. Anlässe, sich zu ärgern, vermeiden sie oder nehmen sie nicht wahr, oder die Anlässe werden bagatellisiert.

Depressive Menschen vermeiden es oft um fast jeden Preis, mit anderen in Konflikt zu geraten, weil ihnen die anderen so wichtig sind. Lieber richten sie die Aggression gegen sich selbst. Die Wendung der Aggression gegen das eigene Selbst ist ein Abwehrmechanismus, der dazu dient, eine Beziehung aggressionsfrei zu halten.

Menschen, die Aggression nicht empfinden, können sie dennoch ausleben, ohne es selbst zu merken. Sie verhalten sich zum Beispiel provozierend, ohne das zu wollen. Das ist bei manchen *zwanghaften* Personen der Fall. Was man erlebt, drückt man nicht immer aus. Es gibt sehr beherrschte Menschen, in denen viel Ärger entstehen kann, ehe sie sich entscheiden, ihn in Handeln umzusetzen, und es gibt umgekehrt Menschen mit *eingeschränkter Impulskontrolle*, die selbst bei geringem Ärger ärgerlich handeln und gar nicht anders können. Solche Menschen nennt man jähzornig.

Während ein Mensch, der wenig Aggressionen zeigt, deswegen oft als angenehm empfunden wird, sind jähzornige Menschen meist unbeliebt oder gefürchtet. Jähzorn wird meist nur toleriert, wenn der Betreffende den Menschen in seiner Umgebung Vorteile bringt, die seinen Jähzorn aufwiegen. Impulskontrolle ist eine sogenannte *Ich-Funktion*. Sie schaltet sich zwischen den Affekt und die Handlung.

Nach Sicherheit streben Menschen, die – zu Recht oder zu Unrecht – fürchten, Gefahren nicht begegnen zu können, mit ihnen »nicht fertigzuwerden«. Das gilt zum Beispiel für alte Menschen, die nicht imstande wären, sich gegen einen Angreifer zu wehren, oder die nicht mehr die Energie oder auch nicht die Lebenszeit hätten, nach einem Verlust ihrer Habe oder ihres Einkommens neu anzufangen. Frauen haben im Durchschnitt ein größeres Bedürfnis nach Sicherheit als der Durchschnitt der Männer, weil sie, wieder im Durchschnitt, über weniger Muskelmasse verfügen als Männer, so daß sie in körperlichen Auseinandersetzungen mit Männern unterliegen würden, was sich auf das gesamte Lebensgefühl auswirkt. In diesem Zusammenhang ist es, finde ich, zu begrüßen, wenn Frauen Kraftsportarten betreiben, die sie den meisten Männern körperlich überlegen machen. Das mindert jenes Gefühl der allgemeinen Gefährdung und stärkt das Selbstvertrauen. Der sexuelle Bereich ist ja heute wohl derjenige, in dem Selbstverteidigung für Frauen am wichtigsten ist. Die Männer brauchen nun nicht ihrerseits zu befürchten, etwa durch Frauen, die ihnen in einer körperlichen Auseinandersetzung überlegen sind, zum Geschlechtsverkehr gezwungen zu werden, weil das ja aus physiologischen Gründen schwierig ist. Unter Zwang kommt eine Erektion schlecht zustande.

Es gibt aber auch ein Sicherheitsbedürfnis, das letztlich auf eine *innere* Gefahr zurückgeht. Manche Menschen haben ihre eigenen aggressiven oder sexuellen Impulse als Kind unterdrücken müssen, und diese Unterdrückung hat sich automatisiert, wobei sie aber weiter psychische Energie verbraucht. Da bei ihnen aggressive und sexuelle Impulse nur begrenzt, wenn überhaupt, ins Bewußtsein zugelassen wurden (oft wird auch nur die Vorstellung, nicht aber der Gefühlsgehalt, oder jedenfalls nicht in vollem Umfang ins Bewußtsein gelassen), haben die ganz oder zum Teil unterdrückten Impulse auch keine Differenzierung und sozial erträgliche Ausformung erfahren. Kämen sie beim Erwachsenen zum Vorschein, hätten sie immer noch eine kindliche Form. So würde etwa ein Erwachsener wild darauf losschlagen oder seine sexuellen Wünsche aggressiv durchzusetzen versuchen und dabei anderen schaden und sich selbst in Schwierigkeiten bringen. Das ist ein Grund, warum die Impulse weiterhin unterdrückt bleiben müssen. Der andere Grund ist die Automatisierung ihrer Unterdrückung. Menschen, die ein ungestörtes Ausleben dieser Impulse bestrafen würden, wie bei einem Kind, täten dies mit Recht. Die Gesellschaft kann nicht dulden, daß ein Erwachsener sich so ungesteuert verhält wie ein kleines Kind.

Die Verbote der Eltern wurden in das Gewissen aufgenommen. Ein Kind macht sich später dann selbst Vorwürfe, wenn es sich so verhalten hat, wie die Eltern es ihm verboten haben. Später sorgt das Gewissen auch dafür, daß die Automatisierung der Unterdrückung aufrechterhalten wird.

Aber auch wenn er gar kein Gewissen hätte, müßte ein Mensch, dessen Impulse in der Kindheit unterdrückt wurden, Angst davor haben, daß die Impulse ins Bewußtsein kommen und zu entsprechenden Handlungen führen. Der Erwachsene, dessen Impulse unterdrückt sind, hat ja nicht gelernt, die Impulse in einer sozial angemessenen Weise umzusetzen. Er hat auch nicht gelernt, Impulse zunächst bei sich zu behalten und ihre Befriedigung aufzuschieben. Ob und wo man zum Beispiel als Mann eine Frau anfassen darf, hängt von der Beziehung zu ihr ab. Befindet sich die Beziehung erst im Anfang, würde es meist heftige Abwehrreaktionen hervorrufen, wenn der Mann das täte, was die Frau sich wünscht und genießt, wenn die Beziehung erst einmal ein intimeres Stadium erreicht hat. Aggression, die in ihrer Form sozial zulässig ist, zum Beispiel in der Form einer bissigen Bemerkung, wird man zwar empfinden, aber nicht in Handlungen umsetzen, wenn man meint, daß einem selbst das mehr schaden wird als dem anderen. Eine Kritik an einem Partner wird man in der Regel aufschieben, bis man mit ihm allein ist. Es macht meist einen schlechten Eindruck, wenn man die Kritik in Gegenwart anderer »losläßt«.

Jemand, dessen Impulse blockiert sind, hat also nicht gelernt, aufzuschieben. Weil die Impulse fehlten, konnte er es nicht trainieren. Ein solcher Mensch wirkt so, als ob er seine Impulse aufschieben würde. Erst mit der Zeit merkt man, daß er sie nie herausläßt, weil sie erst gar nicht ins Bewußtsein treten. Er schiebt nicht bewußt auf, sondern er erlebt die Impulse nicht. Sie sind in seinem Unbewußten eingesperrt.

Diese eingesperrten Impulse erzeugen aber einen gewissen Druck auf die Schranke zwischen dem Unbewußten und dem Bewußten. Zur Entlastung werden die Impulse oft projiziert, das heißt, sie werden einem anderen zugeschrieben und unter Umständen in diesem anderen bekämpft. Es ist ein allgemeines psychisches Gesetz, daß ein innerer Konflikt meist schwerer auszuhalten und auszutragen ist als ein entsprechender Konflikt zwischen Menschen. Der Konflikt zwischen dem bewußten Teil der Persönlichkeit, der sich, im Bund mit dem Gewissen, gegen bestimmte Impulse wehrt, auf der einen Seite und den Impulsen auf der anderen Seite wird, wenn man so will, aus dem eigenen »Land« verlagert und zu einem Konflikt mit einem anderen »Land« gemacht. Man nennt das auch »Externalisieren«. Jemand, der vor latenten homosexuellen Impulsen Angst hat, wird Homosexuelle bekämpfen. Jemand, der vor heterosexuellen Impulsen Angst hat, wird Heterosexualität bei sich und bei anderen bekämpfen. Jemand, der vor seinen eigenen aggressiven Impulsen Angst hat, wird Aggressivität in anderen bekämpfen, und jemand, der Angst hat, daß sich seine eigenen Impulse in einer Form äußern würden, die bei einem ganz kleinen Kind natürlich wären, bei einem Erwachsenen aber chaotisch wirken würden, wird das Chaos in anderen bekämpfen und auch jeden möglichen Ansatz dazu, zum Beispiel jede kleine Unordentlichkeit, Vergeßlichkeit oder Schlamperei.

Werden nun zum Beispiel aggressive Impulse projiziert, wird der Betreffende Angst vor den Aggressionen anderer haben. Der betreffende Mensch muß sich dann gegen Angriffe sichern. Wird die »chaotische Qualität« der kindlichen Impulse gefürchtet, sichert sich der betreffende Mensch, indem er darauf dringt, daß in seiner Umgebung Ordnung herrscht. In seiner Umgebung strebt er überhaupt immer das an, was er in seinem Inneren bezüglich des Unbewußten anstrebt. Das Unbewußte besteht ja aus einem Bereich der Persönlichkeit, in dem die Impulse entstehen, zunächst in einer primitiven und archaischen Form, und einem ebenfalls noch unbewußten Teil der Persönlichkeit, der jene primitiven Impulse in sozial adäquate umwandelt und erst in dieser Form ins Bewußtsein vordringen läßt (Sandler u. Sandler 1983). Dann hat der bewußte Teil der Persönlichkeit nicht mehr soviel Arbeit und Schwierigkeiten damit, die Impulse noch einmal bezüglich der aktuellen Situation zu überprüfen und dann vielleicht in Handlungen umzusetzen oder aber bei sich zu behalten, bis sie abgeklungen sind.

Allgemein kann man sagen, daß ein starkes Sicherungsbedürfnis entweder mit realen oder mit vorgestellten Gefahren zusammenhängt. Ein wesentlicher Grund dafür, daß man sich Gefahren vorstellt, ist bei vielen Menschen, daß eigene gefährliche Impulse unterdrückt und zur inneren Entlastung anderen zugeschrieben werden.

Umgekehrt gibt es besonders risikofreudige Menschen. Risikofreude kann wieder mehrere Ursachen haben. Ein Mensch kann sich so stark fühlen, daß er darauf vertraut, mit einer Gefahr fertigzuwerden und, wenn es nötig ist, auch mit den Folgen einer Niederlage im engeren oder übertragenen Sinne (zum Beispiel, wenn etwas, das er sich vorgenommen hat, einfach nicht gelingt). Er kann sich diese Stärke möglicherweise nur einbilden. Er kann die Folgen von Niederlagen »vergessen« oder im Augenblick der Gefahr ausblenden. Das gilt besonders für Leute, deren Wünschen und Denken kindliche Züge behalten hat, die nicht wie bei denjenigen, die kindliche Impulse unterdrücken, anderen zugeschrieben, sondern tatsächlich gelebt werden. Die Gefahren einer Situation einzuschätzen, lernt man ja durch reflektierte Erfahrung. Zum Beispiel lernen das Bergsteiger oder Bergführer. Wird Erfahrung, auch unangenehme, nicht angesammelt, sondern schnell wieder »vergessen«, das heißt aus dem Bewußtsein entfernt, kommt es nicht zu solchen Lernvorgängen. Der Betreffende kann im Augenblick der Gefahr nicht auf die Ergebnisse solcher Lernvorgänge zurückgreifen. Je nach Selbstvertrauen neigt er dann dazu, nicht zu handeln oder aber unüberlegt zu handeln. Das Risiko wird nicht bewußt in Kauf genommen, es wird unüberlegt eingegangen, oft gar nicht gesehen oder bagatellisiert, wobei der Wunsch, es möge schon nicht so gefährlich sein, der Vater des Gedankens ist.

Realitäten zu erkennen und zu akzeptieren, lernt das Kind im Laufe seiner gesamten Entwicklung. Diese Lernprozesse setzen sich bis ins frühe Erwachsenenalter fort, bis zum Ende der sogenannten Spätadoleszenz mit etwa dreiundzwanzig Jahren. Bei Studenten, deren Ausbildung über das 23. Lebensjahr hinausgeht, was heute die Regel ist, vor gar nicht langer Zeit aber eher die Ausnahme war (meine Mutter promovierte mit 21 Jahren, was allerdings auch damals früh war, mit 23 Jahren waren in jener Zeit aber die meisten mit dem Studium fertig), bleibt die Auseinandersetzung mit den Realitäten eines Berufsalltags und oft auch einer Familiengründung bis zum Ende des Studiums aufgeschoben (während einer Referendariats- oder anderen Vorbereitungszeit z.B. Vikariat u.ä. auch noch darüber hinaus).

Ein Kind wünscht sich im vierten und fünften Lebensjahr, vom gegengeschlechtlichen Elternteil als Partner akzeptiert und dem gleichgeschlechtlichen Elternteil vorgezogen zu werden. Dieser Wunsch steht im Konflikt mit dem, meist geringeren, Wunsch, vom gleichgeschlechtlichen Elternteil als Partner akzeptiert und dem gegengeschlechtlichen Elternteil vorgezogen zu werden. Vor allem steht er aber im Konflikt mit der Realität. Ein Kind in diesem Alter ist weder zum Geschlechtsverkehr fähig, noch kann es in anderer Weise so sein wie ein Erwachsener. Es hat keinen Beruf erlernt und kann in der Regel noch nicht einmal lesen und schreiben, ist körperlich viel schwächer als ein Erwachsener oder eine Erwachsene, besitzt nicht die Urteilsfähigkeit von Erwachsenen. Der Wunsch, wie ein Erwachsener von Vater oder Mutter akzeptiert zu werden, beruht auf einer Illusion. Diese Illusion wird dem Kind in der Regel genommen. Es muß sich damit abfinden, noch lange nicht so zu sein wie ein Erwachsener. Kinder, denen es gelingt, von einem Elternteil dem anderen vorgezogen zu werden, behalten oft die Illusion, man brauche die Dinge, die ein Erwachsener lernt und kann, nicht, um im Leben erfolgreich zu sein – in einer Partnerschaft, aber auch bei der Arbeit. Vater oder Mutter konnten ja arbeiten und zogen dennoch den Kürzeren. Solche Menschen behalten dann oft auch kindliche Denkweisen. Sie sind oft überoptimistisch, während Menschen, die immer nach Sicherheit streben, meist eher pessimistisch sind.

Sicher lernen auch solche Kinder in der Schule und auch bei weiterführenden Ausbildungen das erwachsene Denken soweit, daß sie die Examina bestehen können. Daß ihr Denken aber im Kern *kindlich* geblieben ist, zeigt sich meist bei selbständiger Arbeit, im Universitätsbereich oft schon bei der Diplom- oder Doktorarbeit, spätestens aber auf einer Assistentenstelle, wo noch selbständiger gearbeitet und geplant werden muß. Wenn der Chef sie läßt, beginnen solche Menschen dann oft Projekte, die sich als undurchführbar erweisen, weil wichtige Aspekte nicht durchdacht worden sind. Im privaten Bereich werden Beziehungen eingegangen, bei denen von Anfang an erkennbar war, daß sie nicht gutgehen würden. Trotz der Verhütungsmöglichkeiten in heutiger Zeit kommt es oft zu Schwangerschaften, die nicht erwünscht sind. Die Pille wird nicht genommen, weil man sie im Moment nicht braucht, und ein Geschlechtsverkehr wird unter der Prämisse gewagt: »Von einmal, das kann ja nicht sein.« Nehmen solche Frauen die Pille, wird sie öfter mal vergessen. Merkt die Frau das, müßte sie eigentlich den nächsten Zyklus abwarten, bis wieder ein Geschlechtsverkehr ohne die Gefahr der Schwangerschaft möglich wird. Dann unterschätzen sie aber das Risiko unter dem Aspekt: »Es wird schon gutgehen.« Die Gefahr von AIDS wird heruntergespielt, weil gerade *dieser* Partner doch unmöglich HIV-positiv sein kann, er sieht so gesund aus, oder weil es einem einfach nicht passieren kann, an einen Partner zu geraten, der HIV-positiv ist. Überall im Leben macht sich kindliches Wunschdenken bemerkbar.

Daneben gibt es auch Menschen, bei denen die Vorstellung,

es müsse alles gelingen, vorkommt, ohne daß dies mit kindlichem Wunschdenken der beschriebenen Form und Entstehungsweise zusammenhängt. Das sind Menschen, die als ganz kleine Kinder, im Säuglingsalter und oft noch bis ins dritte Lebensjahr, infolge einer Beziehungsstörung zur Mutter oder den Pflegepersonen oder infolge realer Vernachlässigung häufig in einem Zustand der Hilflosigkeit waren. Sie konnten sich nicht selber helfen, und niemand half ihnen. Deshalb fühlten sie sich »ohnmächtig«. Zunächst reagierten sie vielleicht mit »ohnmächtiger Wut«, später aber entwickeln sie die ausgleichende Phantasie, nicht ohnmächtig, sondern im Gegenteil allmächtig zu sein. In der Phantasie konnten sie alle ihre Wünsche befriedigen. Sie zogen sich von den Menschen zurück, die ihre Bedürfnisse befriedigen konnten, und versuchten, sich selbst zu helfen, sobald sie ein Alter erreicht hatten, in dem ihnen das möglich war. Auf andere wollten sie nicht mehr angewiesen sein.

Solche Menschen gehen oft Risiken ein, weil sie ihre eigenen Fähigkeiten überschätzen und die Kräfte und die Bedeutung anderer Menschen unterschätzen. Zum Beispiel gehen sie in eine Prüfung, ohne sich ausreichend vorbereitet zu haben, weil sie meinen, schon alles zu können, oder weil sie hoffen, das Richtige werde ihnen schon rechtzeitig einfallen. Fallen sie durch oder bekommen sie eine schlechtere Note als erwartet, sind sie dann oft bestürzt und »am Boden zerstört«.

Daß ältere Leute nicht mehr so gern Risiken eingehen, hat meist etwas mit einer realistischen Einschätzung ihrer Kräfte zu tun. Natürlich wird sich bei Menschen, die schon als junge Leute Risiken gescheut haben, die im Alter abnehmende Risikobereitschaft stärker ausprägen als bei anderen, die eher risikofreudig waren.

Es gibt alte Menschen, die »risikofreudig sind wie ein Junger«, ohne daß sich das selbstschädigend auswirkt. Sieht man aber genauer hin, wird man meistens bemerken, daß sich die Risikofreudigkeit auf Bereiche bezieht, in denen die Folgen eines Fehlschlags durch materielle Mittel ausgeglichen werden können, über die der alte Mensch verfügt. Wer während der

Hochsaison in eine fremde Stadt fährt, ohne ein Zimmer vorzubestellen, kann meistens noch eines finden, wenn er bereit und in der Lage ist, sehr viel Geld auszugeben; oder er läßt sich zum Bahnhof oder Flughafen fahren und übernachtet eben in einer anderen Stadt. Am nächsten Tag kann er dann wieder zurückfahren oder zurückfliegen und sich die Dinge ansehen, die er sich vorgenommen hatte. Wer viel Geld hat, kann auch eher riskieren, daß ihm etwas gestohlen wird. Die Risikofreudigkeit solcher Leute ist deshalb nicht auf Leichtsinn zurückzuführen, sondern darauf, daß sie ihre materiellen Ressourcen mit einrechnen.

Soweit sich auf die Ursachen des eigenen Verhaltens, deren Kenntnis zu einer neuen Sicht der Dinge und damit zu Ansätzen einer Veränderung führen kann, nicht schon aus dem bisherigen Text des Kapitels schließen läßt, hier noch einige Hinweise. Es ist wichtig, von sich selbst zu wissen, ob das eigene Sicherheitsbedürfnis der Wahrscheinlichkeit entspricht, das etwas »passieren« kann. Dabei muß berücksichtigt werden, daß ein bestimmtes Ereignis, dessen Eintreten man riskiert, in seinen Folgen für verschiedene Menschen unterschiedlich schwerwiegend ist. Wer sich ein Taxi mieten kann, wenn er einen Zug versäumt, um da anzukommen, wo er hinwill, ohne daß er den finanziellen Aufwand wesentlich spürt, für den bedeutet das Verpassen eines Zuges ein geringeres Risiko als für jemanden, der dann eine wichtige Besprechung versäumt, weil er sich ein Taxi nicht leisten kann und vielleicht nicht einmal auf den Gedanken käme, sich eines zu nehmen. Hat das eigene Auto in einer Gegend eine Panne, in der selten Autos vorbeikommen, bedeutet das für jemanden, der gut zu Fuß ist, etwas anderes als für einen Gehbehinderten. Eine Frau, die jung und noch kinderlos ist, wird weniger Angst davor haben, ihren Mann an eine andere Frau zu verlieren, als eine, deren Chancen, einen neuen Partner zu finden, dann sehr schlecht wären. Sie wird weniger den Drang verspüren, auf ihren Mann »aufzupassen«. Ebenso wiegt das Risiko einer Trennung natürlich weniger schwer, wenn die Frau selbst sich mit Trennungsabsichten trägt. Aggressionen können ganz allgemein eher riskiert werden, wenn man meint, sich gut wehren zu können; aber auch, wenn man es sich nicht vorwerfen würde, einen Angreifer in Notwehr zu verletzen oder gar umzubringen.

Im Umgang mit einem Risiko halte ich es für sinnvoll, sich vorzustellen was im schlimmsten Falle passieren könnte und was man dann im nächsten Schritt tun würde.

Das Bedürfnis nach Sicherheit ist ein primäres Bedürfnis des Menschen. Veränderungen vermindern das Sicherheitsgefühl. Gleichzeitig wirken sie interessant und erregend (BISCHOF 1985). Man kann verschiedene Arten von Gefahren unterscheiden. Gefährlich ist es, wenn eigene Impulse in das Ich eintreten, ohne daß das Ich sie kontrollieren und bei sich behalten oder in sozial adäquates Handeln umsetzen kann. Unterdrückte Impulse bleiben deshalb nicht unwirksam. Zum Beispiel können sie unbewußte Affekte hervorrufen, die auf das vegetative Nervensystem einwirken. Dadurch entstehen körperliche Symptome.

Soziales Lernen ist immer mit einem Risiko verbunden; man lernt durch Versuch und Irrtum. Ob ein Kind es wagt, durch Versuch und Irrtum zu lernen, hängt davon ab, wieviel Angst ihm die Eltern übermitteln. In die Risikobereitschaft (KÖNIG 1974) gehen Ich-Stärke, insbesondere die Ausbildung der Ich-Funktionen, die körpeliche Konstitution und Kondition und die soziale Situation mit ein. Die Risikobereitschaft ist ein wichtiges Kriterium dafür, ob jemand in einer Psychotherapie einen großen oder einen geringen Widerstand gegen Veränderungen seiner selbst und seiner Lebenssituation entwickeln wird.

Pedanterie und Schlamperei

Wir empfinden es als angenehm, wenn Züge rechtzeitig abfahren und Flugzeuge rechtzeitig abfliegen. Wir möchten uns darauf verlassen können, daß während einer Bahnfahrt die Weichen richtig gestellt und die Haltesignale zur rechten Zeit eingeschaltet werden. Der Gedanke, daß die Crew das Flugzeug vor dem Start durchcheckt, beruhigt uns. Die meisten

Menschen werden es auch richtig finden, daß Piloten keinen Alkohol trinken dürfen, wenn sie im Dienst sind und auch schon am Abend, bevor sie ihren Dienst antreten. Es beruhigt uns auch zu erfahren, daß bei den Piloten regelmäßige Gesundheitschecks durchgeführt werden, und wir hoffen, daß da eine genaue Untersuchung erfolgt und die Resultate verläßlich sind. Es handelt sich in allen beschriebenen Fällen um sinnvolle Zuverlässigkeit und Genauigkeit.

Auf der anderen Seite konzedieren wir dem »zerstreuten Gelehrten« Vergeßlichkeit, Unordnung und »verrückte« Ideen, aus denen sich oft nichts, gelegentlich aber Wichtiges ergibt. In der Überprüfung der Ideen und in ihrer Umsetzung in die Praxis sind dann wieder Genauigkeit und Zuverlässigkeit gefragt.

Von einem Verwaltungsbeamten, der Vorschriften anwendet, erwarten wir, daß er das verläßlich und nicht willkürlich tut, letztlich also, daß er sich nach den Vorschriften richtet. Andererseits erwarten wir, daß er die Vorschriften nicht übergenau und zu wörtlich nimmt. Ein gewisses Maß an Großzügigkeit haben die Juristen schon einberechnet, als sie die Vorschriften erstellten. Es ist ja bekannt, daß ein wörtliches Anwenden von Vorschriften sich dysfunktional auswirken kann, zum Beispiel beim Zoll. Die Zöllner haben seinerzeit in der Form gestreikt, daß sie »Dienst nach Vorschrift« machten. An den Zollstationen bildeten sich lange Autoschlangen.

Pünktlichkeit wird im allgemeinen geschätzt. Die meisten Menschen warten nicht gerne, außerdem gilt Pünktlichkeit als Anzeichen von Verläßlichkeit. Andererseits sind die Kosten von Pünktlichkeit manchmal sehr hoch. Man muß sich abhetzen, um pünktlich zu sein, wenn einem etwas Unerwartetes dazwischengekommen ist. Wer zu einer Einladung pünktlich sein will, ist oft schon zu früh da und muß dann vielleicht vor dem Haus auf und ab gehen, ehe er zur rechten Zeit klingeln kann. Manche Menschen unterlassen es auch, wichtige Dinge zu tun, nur um pünktlich zu sein, obwohl Unpünktlichkeit voraussichtlich keine schlimmen Folgen hätte, das Unterlassene jener wichtigen Dinge aber mit Sicherheit Nachteile mit sich bringt. Wer es als höchsten Wert ansieht, zuverlässig zu sein, opfert dieser Zuverlässigkeit unter Umständen Wichtigeres, zum Beispiel opfert er seiner Zuverlässigkeit das spontane Reagieren, mit dem eine neu auftretende schwierige Situation bewältigt werden könnte.

Übergenauigkeit nennt man Pedanterie, während sich Schlamperei oft hinter der Bezeichnung »Großzügigkeit« verbirgt. Pedantische Menschen, die Genauigkeit um der Genauigkeit willen zu betreiben scheinen, für die Genauigkeit ein Wert an sich ist und nicht ein Mittel zum Zweck, schränken sich – und in ihren Beziehungen auch andere – oft erheblich ein. Das ruft stillen, leisen oder lauten Protest hervor. Wer zur Pedanterie neigt, könnte versuchen einmal auszuprobieren, was passiert, wenn er nicht alles gleichmäßig genau nimmt: in der Regel weniger, als befürchtet.

Pedantischen Menschen fällt es in der Regel aber sehr schwer, von der hohen *Wertschätzung* des genauen Tuns abzuweichen. Da Genauigkeit für sie ein Wert an sich ist, werden sie durch Menschen sehr beunruhigt, die nur dort genau sind, wo es ihnen darauf ankommt. Sie unterstellen solchen Menschen Charakterschwäche. Dagegen wird ihnen selbst ein Mangel an Übersicht bescheinigt. Dieser Mangel an Übersicht hat verschiedene Ursachen. Einmal fehlt es pedantischen Menschen, die sich viel mit Kleinigkeiten beschäftigen und diese Kleinigkeiten jede für sich und nicht in Zusammenhängen sehen, an Möglichkeiten, Rangreihen aufzustellen und nach Prioritäten zu ordnen. Ihre Arbeitsproduktivität ist oft gering, weil sie Genauigkeit auch dort anstreben, wo die darauf angewandte Zeit im Sinne der Arbeitsziele nutzlos vertan ist. Liefern sie eine schriftliche Arbeit ab, ist ihnen die äußere Form oft wichtiger als der Inhalt. Die Ergebnisse sind vielleicht mehrmals nachgerechnet, das vorliegende Datenmaterial ist aber nicht ausgeschöpft, weil hierzu mehr Überblick notwendig gewesen wäre, vielleicht auch der eine oder andere Einfall, den das »genaue Denken« nicht zuläßt. Diese Nachteile könnte ein Pedant sich vor Augen halten und trainieren, im Rahmen seiner Möglichkeiten das Wesentliche zu erkennen und Genauigkeit dann nur dort einzusetzen.

Wie steht es nun aber mit dem Schlampigen? Der Schlampige ist auch dort nicht genau, wo Genauigkeit angebracht wäre. Er kommt zu spät zum Bahnhof, und der Zug ist fort. Auf dem Flughafen entdeckt er, einen wichtigen Gegenstand zu Hause vergessen zu haben. Seine Arbeitsergebnisse werden nicht ernst genommen oder zurückgewiesen, weil man sich auf sie nicht verlassen kann. Aus einer schlampigen äußeren Form wird oft auf einen schlampigen Inhalt geschlossen. Eine schriftliche wissenschaftliche Arbeit enthält Rechenfehler oder Fehler bei den Literaturangaben, die den Leser aufbringen, der sich vom Literaturverzeichnis eine Hilfe für eigenes Arbeiten versprochen hat. Da er immer zu spät kommt oder die Termine durcheinanderbringt oder etwas Wichtiges vergißt, laden ihn Freunde und Bekannte ungern zu gemeinsamen Unternehmungen ein. Er hat oft Ideen, von denen er aber nur einen kleinen Teil umsetzt, und das oft nur, wenn ihm andere dabei helfen.

Der Schlampige könnte trainieren, ordentlicher und genauer zu sein. Das ist nicht in allen Belangen des täglichen Lebens nötig, aber doch in vielen. Da der Schlampige seine eigenen Probleme hat, zu erkennen, was wichtig und was unwichtig ist – er vergißt oft Wichtiges – wäre es auch nötig, da etwas zu ändern, vielleicht im Sinne von Systematisieren. Der Schlampige muß sich vielleicht eine Gepäckliste machen und sie durchgehen, wenn er die Dinge zusammenträgt, die in den Koffer gepackt werden sollen. Dann ist es natürlich wichtig, daß er die Liste nicht verlegt oder verliert. Er muß auch akzeptieren, daß das Packen so länger dauert, als wenn er in den Koffer schmeißt, was ihm gerade in den Sinn kommt.

Oft hält der Schlampige sich irrigerweise für großzügig. Vom Großzügigen unterscheidet er sich durch mangelnde Übersicht. Der Großzügige gibt dort nach oder ist dort weniger genau, wo es nicht darauf ankommt –, und er weiß dabei, was er tut; kommt es auf Genauigkeit an, bemüht er sich, genau zu sein. Er wirft weg, was er nicht mehr braucht. Er ist weder pedantisch noch schlampig.

Das Maß an Ordnungsliebe ist stark kulturabhängig. Ordnung kann funktional und dysfunktional sein. Bei Menschen mit einer ausgeprägten *Zwangsstruktur* ist die Ordnungsliebe in der Regel dysfunktional. Manche Formen der Ordnungsliebe haben etwas mit Rücksichtnahme zu tun, zum Beispiel die Pünktlichkeit. Man will den anderen nicht warten lassen. In der Pünktlichkeit kann sich Wertschätzung ausdrücken.

Schlampigkeit ist dysfunktional, Großzügigkeit kann funktional sein. Zwanghafte Menschen sind im allgemeinen ordnungsliebend, sie können sich aber auch über die eigene Ordnungsliebe hinwegsetzen und dann schlampig sein. *Hysterische* Menschen sind selten ordnungsliebend, sondern meist schlampig. Eigene Schlampigkeit kann durch eine Verbindung mit einem ordnungsliebenden Menschen ausgeglichen werden. Umgekehrt kann jemand, der sich durch eigene Ordnungsliebe eingeengt fühlt, die Spontaneität und manchmal auch die Schlampigkeit eines hysterischen Menschen genießen. Während einer längeren Beziehung kommt es entweder zur Angleichung oder zu einer Polarisierung. Das ist dann oft die Ursache für heftigen Streit.

Leiten und sich leiten lassen

Es gibt Menschen, die überall gerne die Anführer sind und eigene Vorstellungen durchsetzen möchten. In der Position des Gefolgsmannes oder der Gefolgsfrau fühlen sie sich nicht wohl. Das kann soweit gehen, daß sie sich persönlich angegriffen fühlen, wenn nicht alles bis ins Kleinste so geschieht, wie sie es sich vorstellen und anordnen. Es kann auch sein, daß sie die Beziehung zu jemandem abbrechen, der sich nicht nach ihren Vorstellungen verhält. Sie haben dann das Gefühl, sich mit ihm nicht mehr zu verstehen. Oder sie meinen, nur sie könnten verhindern, daß alles schief läuft. Die Dinge müssen »richtig« ablaufen, und richtig heißt: nach ihrem Konzept.

Dann gibt es aber auch Menschen, die sich gerne leiten lassen. Sie trauen sich nicht zu, selbst zu wissen, wie etwas am besten gemacht werden soll. Wenn sie nicht von vornherein einen anderen fragen, möchten sie doch, daß jemand da ist, der eingreift, wenn sie etwas falsch machen. Sie sind meist gute Zweite, aber schlechte Vorgesetzte mit Endverantwortung. Als Zweite vertragen sie es allerdings oft nicht gut, wenn man ihnen direkte Befehle gibt. Sie möchten schon das Gefühl haben, selbständig zu arbeiten, und den Vorgesetzten nur dann zu fragen, wenn sie nicht weiterwissen. Als Leitende mit Endverantwortung schaffen sie sich manchmal eine Kontrollperson, mit der sie ihre Entscheidungen besprechen. Der schreiben sie dann oft Fähigkeiten zu, die sie gar nicht hat. Oft kommt die Kontrollperson nie in die Lage, in dieser Funktion tatsächlich tätig zu werden. Sie braucht sich nur anzuhören, was der Vorgesetzte sagt. Eine solche Kontrollperson kann die Sekretärin sein, der etwa ein besonderes Maß an gesundem Menschenverstand zugeschrieben wird, oder die eigene Ehefrau.

Solche Menschen wurden in ihrer Kindheit daran gehindert, durch eigenen Versuch und Irrtum zu lernen und darauf zu vertrauen, daß sie in schwierigen Situationen auch mal allein zurechtkommen können. Oft wurde ihnen das, was sie noch nicht so gut konnten, von den Eltern aus der Hand genommen, weil die »das nicht mit ansehen konnten« oder weil es für die Eltern einfach bequemer war, etwas selbst zu tun, als es das Kind machen zu lassen. Wenn ein Kind zum Beispiel beim Abwaschen helfen will, wird es vielleicht einen Teller fallenlassen, und es wird anfangs mehr Zeit brauchen, um das Abwaschen beigebracht zu bekommen, als es Zeit spart. Andere Eltern erwarten von dem Kind, daß es lernt, ohne angeleitet zu werden. Sie erwarten dabei gleiche Lernergebnisse, als wenn sie es angeleitet hätten. Wegen der Mißerfolge, die das Kind so erleidet, verliert es das Selbstvertrauen in die eigene Kompetenz und sucht später immer nach Leuten, die ihm etwas beibringen und aufpassen, daß es nichts falsch macht.

So führen gegensätzliche Verhaltensweisen von Eltern, nämlich ein Unterfordern und ein Überfordern, zu ähnlichen Entwicklungen: Das Kind und später der Erwachsene hat wenig Vertrauen in die eigene Kompetenz. Es bestehen reale Lernlücken, weil man im Leben ja nicht alles beigebracht bekommt und tatsächlich vieles selbst lernen muß.

Wir treffen bei manchen dieser Menschen auch auf Ängste im Umgang mit Sexualität, wenn sie nicht an Partnerinnen beziehungsweise an Partner geraten, die ihnen beibringen, wie man »Liebe macht«. Finden sie eine solche Partnerin oder einen solchen Partner, erwerben sie die nötige Kompetenz oft leicht. Im Extremfall scheuen sie vor Selbstbefriedigung zurück.

Aber auch Handlungsvollzüge, die sie schon oft gemacht haben, fürchten solche Menschen nicht fertigzubringen. Es fällt ihnen schwer, sich davon zu überzeugen, daß sie etwas können, einmal machen reicht da oft nicht aus. Überhaupt haben sie oft Schwierigkeiten, eine Arbeit zu beginnen. Der Impuls, das zu tun, ist da, sie empfinden aber ein Angstgefühl, das oft nicht deutlich ist und mehr einem inneren Spannungszustand gleicht, und warten dann, bis der Impuls, eine bestimmte Arbeit zu verrichten, aufhört. Ist der äußere Druck, die Arbeit zu tun, sehr groß, geraten sie manchmal in regelrechte Angstzustände. Indem sie einen bestimmten Handlungsvollzug immer noch einmal wiederholen, können sie sich aber mit der Zeit davon überzeugen, daß sie ihn beherrschen.

Um jemand zu haben, der sie anleitet und beschützt, verzichten solche Menschen oft auf das Durchsetzen und oft auch schon auf das Geltendmachen eigener Interessen. Sie haben meist ein großes Harmoniebedürfnis. Wenn sie sich gegängelt fühlen, protestieren sie oft auf eine Art und Weise, die als Protest nicht auf den ersten Blick erkennbar ist. Zum Beispiel verlieren sie das Interesse an der Sexualität mit dem Partner.

Die Motive dafür, daß jemand gerne leitet, können verschieden sein. *Zwanghafte* Menschen möchten »oben« sein und nicht »unten«. Zwanghafte Menschen wollen meist auch, daß alles nach ihrem Konzept abläuft. Sie sind dann »oben«, wenn sie die Richtlinien des Handelns bestimmen und können so auch am besten vermeiden, daß ein Chaos ausbricht. Mit ihrem eigenen Konzept kennen sie sich aus.

Es gibt aber auch zwanghafte Menschen, die sich gern leiten lassen. Eine Voraussetzung ist, daß sie mit dem Leitenden im Prinzipiellen übereinstimmen. Wenn der Leitende nicht so leitet, wie sie das für richtig halten, rebellieren sie, oder sie kritisieren den Leitenden heimlich.

Menschen mit einer *phobischen Persönlichkeitsstruktur* haben Angst vor ihrer inneren Willkür, ebenso wie Zwanghafte. Sie gehen damit aber anders um. Während der Zwanghafte derjenige sein will, der sich selbst und andere kontrolliert, sucht sich der phobische Mensch eine verläßliche Person, die auf ihn aufpaßt. Handlungen, bei denen niemand auf sie aufpassen kann (etwa weil sie in der Regel ausgeführt werden, ohne daß jemand anders im Zimmer ist), meiden phobische Menschen in der Regel.

Autoritäres und Laissez-faire-Verhalten

Die Entscheidung, ob Eltern sich leitend und kontrollierend verhalten oder den Kindern viel Freiheit geben sollen, wird nicht nur nach den persönlichen Vorlieben getroffen. Das Elternverhalten hängt auch von Ideologien ab, die in der Bezugsgruppe oder in den Medien vertreten werden. In den sechziger Jahren war ein autoritätsfreies und sogar antiautoritäres Verhalten verbreitet – von seiten der Eltern, aber auch der Lehrer. Nun weiß man schon recht lange, daß Kinder, die von ihren Eltern keine *Anleitung* bekommen, nach Anleitung suchen und sie dann oft außerhalb der Familie finden. Die vermittelten Inhalte können dann unerfreulich sein. Kinder, die in einem Laissez-faire-Milieu aufwachsen, entwickeln oft besonders strenge Verhaltensmaximen. Sie werden zur Autorität gegenüber sich selbst, und zwar zu einer radikalen, wie es der Radikalität junger Menschen entspricht. Der autoritätsfreien oder antiautoritären Ideologie der sechziger und siebziger Jahre entsprach als Gegenstück die autoritäre Einstellung vieler Eltern in der Vorkriegs-, Kriegs- und unmittelbaren Nachkriegszeit. Man wollte es als deren Kinder gerade nicht so machen wie sie. Auch in den Betrieben wurde ein nichtautoritärer Führungsstil propagiert. Jetzt scheint das Pendel zurückzuschwingen, und wahrscheinlich werden wir eine Zeit erleben, in der Eltern und Vorgesetzte in einem Betrieb sich autoritärer verhalten, als es für die optimale Entwicklung der Kinder und die optimale Produktivität eines Betriebes günstig wäre.

Den durch die eigene Bezugsgruppe und durch die Medien jeweils vertretenen Erziehungskonzepten können Eltern und Lehrer schlecht ausweichen. In den Betrieben verhält man sich meist rationaler. Unterschiedliche Führungsstile werden nach ihren Auswirkungen auf die Produktivität beurteilt, wozu mittelbar auch die Arbeitszufriedenheit und der Krankenstand gehören: Man strebt hohe Arbeitszufriedenheit und einen niedrigen Krankenstand an. In Betrieben werden auch hohe Anforderungen an die Führungsqualitäten des Managements gestellt. Derjenige wird oft am besten beurteilt, dem es gelingt, seine Mitarbeiter zu viel guter Arbeit zu motivieren. Es könnte sein, daß deshalb in den Betrieben künftig mehr Freiheit herrschen wird als in den Familien.

In der Kindererziehung sind die Ergebnisse dann besonders schlecht, wenn der praktizierte Erziehungsstil in erheblichem Widerspruch zu dem Verhalten steht, das den Eltern von ihrer Charakterstruktur her näher liegen würde (im Sinne eines stärker eingreifenden oder eines mehr zurückhaltenden Stils). Wahrscheinlich bekommen es die Kinder mit, wenn sich jemand nicht kongruent zur eigenen Persönlichkeit verhält und sich immer wieder zu einem Verhalten zwingen muß, das ihm nicht liegt. Es gibt dann auch immer wieder »Ausrutscher«, das heißt, ein Verhalten, wie es der eigenen Persönlichkeit entspricht, schlägt eruptiv durch. Eltern verhalten sich dann plötzlich autoritär, während sie vorher zurückhaltend waren, oder sie halten sich zurück, wenn es besonders wichtig wäre, Struktur und Halt zu geben. In den Kindern erzeugt das Unsicherheit und Orientierungslosigkeit. Es kann dann sein, daß sie konstantere Orientierung außerhalb der Familie suchen. Wenn sie diese finden, kann das ein Fehlverhalten der eigenen Eltern sogar kompensieren. Wenn nicht, bleiben die Kinder dem Fehlverhalten ihrer Eltern ausgesetzt – oder sie finden frühzeitig Vorbilder in der eigenen Bezugsgruppe, die einen

Rückzug von den Eltern in eine innere oder äußere Emigration propagiert. Was die Eltern, die doch alles »richtig« machen wollten, dann entsetzt, aber passiv mit ansehen oder mit autoritärem Verhalten beantworten. Das gilt dann sowohl für Eltern, die ein Laissez-faire-Verhalten praktiziert haben und meinen, nun »andere Saiten aufziehen« zu müssen, als auch für autoritäre Eltern, die nun mehr vom Gleichen versuchen, also ein noch autoritäreres Verhalten an den Tag legen.

Eltern, die von ihrer Persönlichkeit her zu einem zurückhaltenden Verhalten neigen, überfordern sich dabei; Eltern, die zu einem autoritären Verhalten neigen, handeln dann mehr ihrer Persönlichkeit gemäß. Ohne therapeutische Hilfe können die Eltern aber aus verfahrenen Situationen oft nicht herausfinden.

Während ein autoritäres Verhalten meist bei Menschen mit einer Zwangsstruktur gefunden wird, ist das Laissez-faire-Verhalten unterschiedlich motiviert. Ebenso wie im übrigen auch das autoritäre Verhalten kann es an Modellen erlernt werden. Laissez-faire-Verhalten kann aber auch mit eigener Angst zu tun haben, etwas falsch zu machen. Man tut dann lieber gar nichts. Das gilt besonders, wenn niemand da ist, der Fehler, die man macht, korrigieren könnte. Zu einem Lassez-faire-Verhalten aus Angst neigen besonders Menschen mit einer *phobischen Charakterstruktur.* Ein Laissez-faire-Verhalten kann aber auch damit zusammenhängen, daß die eigenen (autoritären) Eltern als Modelle diskreditiert sind und man Schwierigkeiten hat, andere Verhaltensweisen zu entwickeln und Kompetenz auszuüben. Das war nach dem Krieg der Fall. Autoritäres Verhalten galt als moralisch verwerflich. Manche Eltern zogen sich von den Kindern zurück. Andere wieder verhielten sich gerade umgekehrt wie die eigenen Eltern. Das hat meist etwas damit zu tun, daß sie unter einem autoritären Verhalten der eigenen Eltern gelitten haben. Eine *autoritäre* oder eine *sadistische Einstellung* wird oft in das Unbewußte abgedrängt. Man hat dann vielleicht unbewußt Angst, die verdrängte Einstellung könnte durchbrechen, und verhält sich deshalb gerade entgegengesetzt: nicht autoritär, sondern übertolerant, nicht sadistisch, sondern übertrieben mitleidig. Menschen, die »keiner Fliege etwas zuleide tun« können sind oft latent sadistisch. Man spricht hier von *Reaktionsbildung.*

Autoritäres und Laissez-faire-Verhalten kommen nicht nur in Familien vor, sondern auch überall sonst, zum Beispiel in Betrieben. Dort wie auch sonst gilt, daß man für den Führungsstil, den man praktizieren will, von der Persönlichkeit her geeignet sein muß. Zwanghafte vergewaltigen sich, wenn sie einen liberalen Stil zu praktizieren versuchen, liberal eingestellte Menschen müssen sich dazu zwingen, Autoritätsfunktionen zu übernehmen.

Geben und nehmen

Was ein Mensch einem anderen gibt, ist meist *Arbeit*. Wir tun etwas für den anderen, wir arbeiten für ihn. Auch Geld oder Geschenke lassen sich letztlich auf Arbeit zurückführen. Für Geld muß man in der Regel arbeiten, nur ganz wenige Menschen leben ausschließlich von Ererbtem oder von einem Lottogewinn. Der Zusammenhang zwischen Geld und Arbeit ist bei verschiedenen Berufen unterschiedlich klar. Wer Lohn bezieht, weiß, wieviel er für eine Stunde Arbeit bekommt; wer ein Gehalt bezieht, kann es sich ausrechnen. Bei Kaufleuten kann der Zusammenhang zwischen Arbeit und Verdienst nicht so einfach errechnet werden, das gleiche gilt für die Angehörigen mancher freien Berufe. Aber ein Zusammenhang zwischen dem Geld, das man verdient, und der Arbeit, die man leistet, besteht immer.

In der Phantasie wird von diesem Zusammenhang aber oft abgesehen. Geld wird Kot gleichgesetzt, wie es zum Beispiel in dem Märchen vom Dukatenesel zum Ausdruck kommt. Der Dukatenesel »scheißt« Geld. Entsprechendes gilt für die bekannte Figur des Dukatenmännchens. Kot entsteht gewissermaßen von selbst, obwohl man natürlich sagen kann, woraus er entsteht und welche biologischen Prozesse bei seiner Entstehung ablaufen. Mit Geld ist es ähnlich: Man weiß, wie man es gewinnt und daß es einen Gegenwert von Arbeit darstellt, aber trotzdem scheint es für viele Menschen eine eigene Existenz zu führen. Wenn etwa ein Kind von den Eltern Geld verlangt, wird es sich nur in seltenen Fällen ausrechnen, wieviel Arbeit das repräsentiert. Es wird eher überlegen, wieviel Geld die Eltern verdienen, wieviel sie verbrauchen und wieviel sie übrigbehalten, um es auf die hohe Kante zu legen oder dem Kind zu geben.

Ganz kleine Kinder erleben das Hergeben von Kot als Substanzverlust. Für viele erwachsene Menschen bedeutet das Hergeben von Geld einen Substanzverlust. Man kann sagen, daß sie das Bankkonto in ihr Körperschema integrieren.

Das Geben von Geld und das Bekommen von Geld werden bei Menschen verschiedenen Körperregionen zugeordnet. Während das *Geben* von Geld gleichsam etwas *Anales* ist – Geld kann man ansammeln, wie bei einer Verstopfung, man kann es portionsweise in kleinen Mengen, aber auch in einer großen Menge und auf einmal von sich geben – wird das *Nehmen* von Geld meist als etwas Orales erlebt. Jemand, der Geldforderungen stellt, kann als aussaugend erlebt werden oder als jemand, der einem »die Haare vom Kopf frißt«. Überhaupt wird Gier dem Mund zugeordnet, das Herausgeben dem Anus. Einem Menschen, der Geld hergegeben hat, kann es wichtig sein, die verlorengegangene »Substanz« Geld durch neues Material zu ersetzen, das er gleichsam in sich aufnimmt, wiederum in sein Körperschema integriert.

Was das Nehmen angeht, so gibt es gierige und bedürfnislose Menschen; Menschen, die alles haben wollen, was sie sehen, und Menschen, die alle Impulse unterdrücken, die sie dazu bringen könnten, etwas haben zu wollen und deshalb zu fordern, weil sie mit Fordern früher einmal schlechte Erfahrungen gemacht haben. Ein Kind mit gutem Appetit kann Eltern, die im Nehmen eher gehemmt sind, gierig erscheinen, während Eltern, die im Nehmen nicht gehemmt sind, das Kind als unauffällig erleben würden.

Nehmen kann für manche Menschen deshalb eine zweite Bedeutung erlangen, weil die Eltern gefühlshafte Zuwendung – aus Zeitmangel oder weil sie dazu nicht gut in der Lage waren – durch Schenken von etwas Eßbarem, später überhaupt durch Schenken ersetzten. Etwas Materielles bekommen steht dann für Zuwendung bekommen, für Emotionales, das durch Materielles ersetzt wurde. Die Verbindung zu den Eltern lief auch nach jener frühen Entwicklungsphase, in der alle Kinder ohnehin vorwiegend, wenn auch keineswegs ausschließlich, über den Mund mit der Mutter kommunizieren, über das Orale. Man spricht von einer *oralen Fixierung*.

Entsprechend gab es bei Menschen, die als Erwachsene große Schwierigkeiten haben, etwas herzugeben, oft Auseinandersetzungen um das Hergeben von Kot. Oft ist das Kind zu früh sauber »gemacht« worden. Es sträubt sich dann noch als Erwachsener dagegen, etwas herzugeben. Im analen Bereich finden wir Zurückhalten, aber auch Nicht-zurückhalten-Können. Es gibt ja Leute, die niemandem ein Darlehen abschlagen – auch wenn sie damit rechnen, das Geld nie wieder zu bekommen. Manche geben auch dann Geld her, wenn sie selbst wenig haben und ihnen vielleicht nichts bleibt, nachdem sie alles Geld an Leute gegeben haben, die sie darum baten.

Ich habe diese entwicklungsgeschichtlichen Zusammenhänge hier ausgeführt, weil es nach meiner Erfahrung nützt, wenn jemand, der im oralen oder analen Bereich zu einem extremen Verhalten neigt, sich die Entstehungsgeschichte dieses Verhaltens klar macht – zumindest die mögliche Entstehungsgeschichte, denn die Erinnerung reicht ja im allgemeinen nicht oder nur sehr lückenhaft in die ersten drei Lebensjahre zurück, wo die entsprechenden Einflüsse auf ein Kind einwirken. Macht man sich die entwicklungsgeschichtlichen Bezüge bei Gier, Überbescheidenheit, Geiz oder Hergeben-Müssen klar, kann man sich oft auch das Irrationale und Anachronistische eines Erwachsenenverhaltens verständlich machen, das in der Kindheit unter ganz anderen Lebensbedingungen und anderen Abhängigkeiten (von den Eltern) entstanden ist.

In diesem Kapitel ging es mehr als in den anderen um *körperbezogene Phantasien*, die eine Verbindung zwischen Gegenständen und dem eigenen Körper herstellen. In unserer heutigen Gesellschaft ist Geld meist ein Äquivalent für Arbeit, in der Phantasie wird es aber den Fäzes gleichgesetzt, die emotional sehr stark besetzt sind. Fäzes werden von ganz kleinen Kindern mit der Körpersubstanz gleichgesetzt.

Bei *depressiven* Menschen ist das Orale oft nicht manifest. Die unterdrückte Oralität wird nicht sozialisiert. Kommt sie zum Vorschein, wirkt orales Habenwollen als Gier. Bei vielen Menschen wird Gier nicht bewußt erlebt, sie kann sich im Verhalten aber dennoch äußern, zum Beispiel wenn jemand sich als sehr bescheiden erlebt, von anderen aber so gesehen wird, daß er ein »einnehmendes« Wesen hat. Menschen, für die Orales besonders wichtig ist, nennt man *oral fixiert.* Sie haben oft Probleme mit dem Aufnehmen. Menschen, für die Anales wichtig ist, nennt man *anal fixiert.* Fixierungen können etwas mit angeborenen Tendenzen zu tun haben, werden aber in der Regel als Resultat von Umwelteinwirkungen aufgefaßt.

Wegen der starken Körperbezogenheit von Geben und Nehmen sind hier im Text psychoanalytische Fachausdrücke verwendet worden, die den Körperbezug direkt erkennen lassen.

Haben wollen und verzichten

Ein Gegenstand, den ein Kind haben will, ist meist zur Nutzung oder zum Konsum gedacht. Das Kind will zum Beispiel ein Eis »haben«. Es will das Eis dann essen. Wenn ein kleines Kind nicht eßbare Gegenstände haben will, möchte es damit spielen. Wenige Kinder, und übrigens auch wenige Erwachsene, wollen etwas nur haben, um es aufzuheben. Wer ein Bild oder eine Plastik kauft, will sich daran freuen. Wenn jemand mit Bildern oder Plastiken spekulieren will, kann es sein, daß er sie in einem Banksafe unterbringt, aber auch das Banksafe ist ihm jederzeit zugänglich. Wenn er will, kann er hingehen und die Dinge anschauen.

Der Geizige im Theraterstück von MOLIÈRE sieht sich sein Geld auch an, um sich daran zu erfreuen. Dieses Sich-Ansehen von Geld ist aber nicht durch einen ästhetischen oder einen Gebrauchswert der Geldmünzen interessant. Es bestätigt nur die Vorstellung: »Ich habe soundsoviel Geld.« Ein Geiziger, der sein Geld betrachtet, gleicht in gewisser Weise einem Mann, der ins Bordell geht, um sich davon zu überzeugen, daß er noch sexuell potent ist.

Der Unterschied zwischen *Haben* und sich an etwas Erfreuen, weil es eine *Funktion* erfüllt, läßt sich gut an Autofahrern beobachten. Manche sind »Kfz-Halter«, sie putzen und pflegen ihr Auto und verbringen damit mehr Zeit als mit Fahren. Andere wieder haben Spaß am Fahren, nicht so sehr am Putzen. Putzen ist für sie ein notwendiges Übel. Je mehr das »Haben« eine Rolle spielt, um so mehr Zeit wird gewöhnlich für die Pflege eines Gegenstandes verwendet. Im übertragenen Sinne machen das manche Männer mit ihren Frauen. Sie putzen sie heraus, indem sie ihnen Schmuck oder ähnliches schenken, und bemühen sich darum, daß sie auf Gesellschaften zur Geltung kommen. Sonst machen sie vielleicht gar nicht viel mit ihnen, und die Beziehung ist sexuell und überhaupt emotional unbefriedigend.

Es gibt viele Gründe, warum Beziehungen unbefriedigend sein können, aber einer der Gründe ist häufig, daß man den anderen »haben« möchte. Ist das Haben von der Funktion getrennt und spielt die Funktion eine untergeordnete Rolle, kann man fast sicher damit rechnen, daß ein emotionales Manko bleibt. Wer mit dem, was er hat, und mit den Menschen, zu denen er in Beziehung steht, unzufrieden ist, sollte überlegen, ob er Dinge oder Menschen vielleicht mehr als Besitz haben will – oder mit ihnen angeben will – und es wenig darauf ankommt, die Gegenstände zu nutzen beziehungsweise mit den Menschen eine emotionale Beziehung einzugehen. Wenn das so ist, wäre weiter zu fragen, ob Besitz oder Geltung vom eigenen Charakter her im Vordergrund stehen, oder ob sich Ängste dagegen richten, die Möglichkeiten eines Menschen oder eines Gegenstandes auszuschöpfen.

Gegenstände, die gebraucht werden, werden meist auch abgenutzt oder verbraucht. Funktionaler Nutzen steht deshalb oft im Gegensatz zum Sich-Freuen an Besitz, zum Beispiel eben beim Auto, das sich abnutzt, wenn man es fährt und das beim Fahren auch beschädigt werden kann. In gewisser Weise gilt das auch für den Umgang mit Menschen, die allerdings meist die Fähigkeit haben, zu regenerieren. Immerhin: Man kann die Frisur einer Frau durcheinanderbringen, mit der man schläft. Wer mit dem Partner oder der Partnerin die halbe Nacht wachgeblieben ist, sieht am nächsten Morgen vielleicht nicht so frisch aus, wie wenn sie oder er die ganze Nacht durchgeschlafen hätte.

Es können sich einer anderen Form von Beziehung als nur der besitzenden aber auch Ängste entgegenstellen, zum Beispiel Angst vor zu großer Nähe; eine Angst, die viele Ursachen haben kann, weil Nähe für verschiedene Menschen Verschiedenes bedeutet: die Gefahr, mit dem anderen so eins zu werden, daß man seine eigene Identität verliert, die Gefahr, vom anderen ausgenutzt zu werden, die Gefahr, Kontrolle über das eigene Leben mit einem anderen teilen zu müssen, und schließlich die Gefahr, sich auf dem Felde einer Beziehung dem Vergleich mit anderen stellen zu müssen, die der Partner oder die Partnerin gekannt hat oder kennt. Der Psychoanalytiker ERICH FROMM (1976) hat sich mit den Problemen beschäftigt, die auftreten, wenn Menschen oder Dinge zu sehr als Besitz gesehen werden.

Besitz kann aber auch als eine Einschränkung von Freiheit erlebt werden. Wer mit dem Auto eine Stadt besucht, wo es schwierig ist, einen Parkplatz zu finden, und in der er sich nicht auskennt, wird sein schönes Auto leicht als Last erleben. Er ist dann vor die Entscheidung gestellt, das Auto irgendwo zu parken und mit dem Taxi oder mit öffentlichen Verkehrsmitteln zu fahren, und fragt sich dann vielleicht, warum er nicht gleich mit dem Zug gekommen ist. Der Besitz eines Hauses kann jemanden an einem Umzug hindern, der berufliche Vorteile verspricht. Eine legalisierte Bindung schränkt die Möglichkeiten ein, etwas mit anderen Frauen beziehungsweise Männern zu erleben. Konkreter Besitz reduziert die Freiräume des besitzenden Individuums. Dagegen gibt frei verfügbares Geld Freiheit.

Bei vielen Menschen findet man die Phantasie, über einen Partner verfügen zu können, der immer bereitsteht, während man selbst völlige Freiheit genießt. »Frei und doch nicht allein zu sein ...« – das spricht einen unmöglichen Wunsch aus. Normalerweise ist es eben so, daß eine Beziehung, in der man sich nicht allein fühlt, Ansprüche stellt, die die Freiheit mindern. Die Formulierung, »die Beziehung stellt Ansprüche« ist mit Bedacht gewählt, weil der Partner nicht besonders »anspruchlich« sein muß. Die Ansprüche ergeben sich schon aus der Natur einer engen Beziehung.

Manche Menschen finden eine Kompromißlösung, die sie zufriedenstellt. Sie gehen mit Menschen um, oft auch mit Gruppen von Menschen, ohne sich an sie zu binden. Wenn sie unter Leuten sein wollen, gehen sie an einen Ort, wo sie Menschen antreffen, mit denen sie sprechen können. In Berlin, einer Stadt, in der Singles sich ausgesprochen wohlfühlen, gibt es eine umfangreiche Kneipenkultur, die genau solche Bedürfnisse befriedigt. Man geht hin, spricht mit jemandem, nimmt ihn vielleicht mit, um mit ihm zu schlafen, und trennt sich wieder. Kneipen können auch ein Ort sein, an dem man sich kennenlernt, um zusammen zu bleiben. Sie sind aber häufiger ein Ort von Begegnungen, aus denen keine verbindliche Beziehung werden soll.

Menschen, die so leben, entwickeln aber eine Beziehung zu der Stadt, die ihnen diese Möglichkeiten bietet. Sie können sich dann eben von der Stadt schwer trennen. Die Stadt stellt scheinbar keine Ansprüche. Ist aber jemand, der in einer solchen »Singles«-Stadt lebt, vor die Notwendigkeit eines Ortswechsels gestellt, zum Beispiel aus beruflichen Gründen, wird deutlich, wie abhängig er von der Stadt ist und daß es ihm schwerfällt, an einen Ort zu gehen, der nicht die gleichen Möglichkeiten bieten kann. Der Betreffende hat gleichsam eine Beziehung zu »Berlin« oder »München« oder »Köln« entwickelt. Diese Orte sind für ihn untereinander in gewissem Maße austauschbar, aber nur untereinander. Nach Bochum oder Ingolstadt wird ein solcher Mensch ungern gehen, auch wenn er dort bessere Arbeitsmöglichkeiten hätte. Tut er es dennoch, fühlt er sich vielleicht kreuzunglücklich. Er geht dann möglicherweise eine Ersatzbeziehung zu einem Menschen ein, der ihm die Stadt aber nicht ersetzen kann.

Manche Menschen sind nie mit dem zufrieden, was sie haben. Sie wollen mehr, oder sie wollen anderes. Wer mehr will, kann das, was er hat, oft nicht genießen. Das zeigt sich zum Beispiel beim Essen. Von einer Speise, die einem nicht schmeckt, wird man im allgemeinen wenig essen. Weiß man aber, daß es nichts anderes gibt, kann man versuchen, die geringe Befriedigung durch den Geschmack der Speise durch Menge zu kompensieren. Man ißt dann halt noch etwas, um wenigstens im Gefühl der völligen Sättigung Zufriedenheit zu finden. Umgekehrt ist es nicht selbstverständlich, daß man von etwas, was einem gut schmeckt, besonders viel ißt. Der Genuß, den die Qualität einer Speise mit sich bringt, kann so groß sein, daß man kein Bedürfnis mehr spürt, ein Gefühl der völligen Sättigung zu erreichen. Die volle Sättigung stellt sich dann auch früher ein.

Im Bereich der Sexualität ist es entsprechend: Auch hier versuchen manche Menschen, Qualität durch Quantität zu ersetzen.

Daß es einem nicht schmeckt oder daß Sexualität wenig befriedigt, kann damit zusammenhängen, daß die Speise oder die Partnerin beziehungsweise der Partner weniger bieten können, als im Prinzip möglich wäre oder erwartet wird. Das Gefühl, Essen oder Sexualität brächten wenig Freude, kann aber auch mit einer Hemmung des Genießens zusammenhängen. Heigl (1987, S. 133) schrieb von einem Patienten: »Er konsumierte, aber er genoß nicht.« Zu einer Blockierung der Genußfähigkeit gehört meist die Vorstellung, das Gewünschte sei erreichbar. Es wäre ja auch erreichbar, wenn die Genußfähigkeit nicht blockiert wäre. Daß sie blockiert ist, weiß der Betreffende aber nicht, und so entwickelt er die Hilfsvorstellung, das Glück existiere für ihn, sei aber irgendwo anders, schon um die Ecke oder weit weg. Daß Menschen in ferne Länder reisen, um endlich zu finden, was ihnen gefällt, ist nicht selten. Dann kommt es vor, daß Menschen, die nicht imstande sind, Schönheiten einer Landschaft zu genießen, irgendwohin fahren, wovon alle erzählen, es sei dort schön, sie aber auch dort enttäuscht sind.

Großer Aufwand wird oft betrieben, um einen Partner zu finden, der einem bisher ausbleibende sexuelle Befriedigung verschafft. Irgendwo muß es einen solchen Menschen doch geben, man müßte ihn nur zu finden wissen. Dieser Mensch müßte besondere Eigenschaften haben: Schönheit, Temperament, vielleicht auch erotisches Geschick. Vielleicht käme es auch nur darauf an, daß dieser Mensch auf der »gleichen Wellenlänge« liegt, so daß man sich mit ihm sofort versteht. Die Sehnsucht nach einem solchen Menschen drückt sich in dem von Frank Sinatra gesungenen Lied »Strangers in the Night« aus. Zwei Menschen, die sich vorher nicht kannten, begegnen einander, und es ist so, als hätten sie sich schon lange gekannt. Alles stimmt, man braucht sich nicht erst aufeinander einzustellen.

Wenn man bedenkt, wieviel Lebensglück einem Menschen entgehen kann, der im Genießen blockiert ist, muß man einen solchen Menschen sehr bedauern und ihm wünschen, daß er die Blockierung los wird. Leider geht das meist nicht ohne Mithilfe einer Psychotherapie. Die Blockaden sind innerlich, durch eine äußere Verhaltensänderung können sie in der Regel nicht beeinflußt werden. Meist gehen sie auf frühere Erfahrungen in den Lebensbereichen zurück, um die es geht. Der betreffende Mensch hat mit seinen Wünschen in jenen Lebensbereichen schlechte Erfahrungen gemacht, die es ihm geraten sein ließen, die Wünsche zu unterdrücken. Das geschieht zunächst oft bewußt, automatisiert sich aber dann und wird zu einem unbewußten Vorgang. Die Wünsche sind da, sie werden aber niedergehalten. Das Niederhalten eigener Wünsche erfordert den ständigen Einsatz von Energie, und das ist mit ein Grund, warum sich Menschen, die Wünsche unterdrücken, oft müde fühlen. Da an die Stelle der Wünsche, wenn nicht andere Wünsche ersetzend eintreten, ja nichts kommt, fühlen sich Menschen mit blockierten Wünschen oft auch innerlich leer.

Kompensationen sind aber häufig. Sexuelle Wünsche können durch Essen ersetzt werden, man ißt aus Liebeskummer. Man kann auch essen, wenn man merkt, daß in einer Liebesbeziehung Gefühle nicht auftreten, von denen man weiß oder gehört hat, daß es sie gibt. Umgekehrt kann sexueller Genuß den Genuß beim Essen und Trinken ersetzen. In Frankreich gibt es das Sprichwort: »Die Liebe ist der Kaffee der Armen.«

Kompensationen sind meist nicht schädlich, wenn sie bewußt gewählt werden. Daß eine Frau, deren Freund nicht zum Rendezvous kam, sich entschließt, den Abend allein zu verbringen, aber nicht traurig vor sich hin zu grübeln, sondern sich etwas Gutes zu tun, schadet in der Regel nichts (wenn es nicht zu etwas Exzessivem kommt, zum Beispiel zum Essen großer Mengen von Nahrungsmitteln oder zum Trinken großer Mengen von Alkohol). Enttäuschte Wünsche können im allgemeinen leichter kompensiert werden als blockierte. Eine Kompensation, für die man sich entscheidet, kann in der Regel besser begrenzt werden als eine, die quasi automatisch erfolgt; zum Beispiel, wenn jemand bei einer Enttäuschung von sexuellen Wünschen automatisch zum Kühlschrank geht oder die Whisky-Flasche aus dem Schrank holt.

Viele Menschen scheuen sich davor, ihre eigenen Wünsche kennenzulernen, weil es vielleicht nicht möglich sein wird, sie in der Realität zu befriedigen. Diesen Menschen kann man sagen, daß es in der Regel angenehmer ist, auf Wünsche bewußt zu verzichten, als mit den Folgen einer Blockierung dieser Wünsche fertigzuwerden. Nur Menschen, die Enttäuschungsgefühle besonders schlecht aushalten können – man sagt, ihre *Frustrationstoleranz* sei stark vermindert –, bleiben vielleicht besser dabei, ihre Wünsche zu blockieren.

Wichtig ist aber auch, sich klarzumachen, daß Einflüsse, die in der Kindheit eines Menschen dazu geführt haben, daß Wünsche blockiert wurden, beim Erwachsenen vielleicht gar keine Rolle mehr spielen. Zum Beispiel kann ein Mensch seine Sexualität mit erwachsenen Personen ausleben, mit denen er nicht verwandt ist, während sexuelle Befriedigung mit einem Verwandten, zum Beispiel einem Elternteil, dem Inzesttabu unterliegt.

Wahrscheinlich ist auch niemand mehr da, der Sexualität als etwas Sündhaftes oder sonstwie Schlechtes verurteilt und deshalb fordert, sexuelle Handlungen zu vermeiden; jedenfalls kann der Erwachsene im Prinzip selbst entscheiden, welchen moralischen Geboten er bewußt folgen will und welche er in Frage stellen möchte. Es ist auch niemand da, der ihm den Vorwurf macht, gierig zu sein, wenn er normalen Appetit zeigt, wie das in manchen Familien geschieht, in denen Genuß beim Essen verpönt ist (etwa weil man einem asketischen Ideal anhängt). Wenn er doch solche Menschen um sich hat, kann der Erwachsene entscheiden, ob er deren Meinung ein großes Gewicht beimessen sollte oder ob es ihm vielleicht angebracht erscheint, sie in Frage zu stellen.

Dieses Kapitel setzte die *orale* und *anale* Thematik fort. Fast alle Gegenstände können eine orale oder anale Bedeutung erlangen. Die sonstigen Eigenschaften und Funktionen treten dann oft in den Hintergrund. Auch Menschen können gleichsam zu Dingen werden. Man möchte sie besitzen. Hier läßt sich von einer *analen Beziehungsform* sprechen. Entsprechend gibt es Beziehungsformen zu Menschen, die entweder als etwas gesehen werden, das man mit dem Mund aufnehmen kann (»Man hat jemanden zum Fressen gern«), oder – häufiger – als jemand, der etwas gibt, das man im direkten oder übertragenen Sinn mit dem Mund aufnehmen kann. Das wird auch als *orale Beziehungsform* bezeichnet.

Die oralen und analen Beziehungsformen sind meist für den Partner unangenehm. Je enger die Beziehung wird, desto unangenehmer werden sie.

Menschen, die als »ernährend« erlebt werden, müssen dauernd zur Verfügung stehen. Sie werden als existentiell notwendig erlebt. Manche Menschen leben deshalb allein, weil sie das »Fressende« oder »Besitzergreifende« fürchten, das in einer nahen Beziehung manifest werden könnte. Oft handelt es sich dabei um Projektionen eigener unbewußter, drängender Bedürfnisse auf den anderen.

Reife orale Bedürfnisse, zum Beispiel die Liebe zu gutem Essen (man spricht dann von einem Gourmet im Unterschied zum Gourmand, der gerne viel ißt) sind meist für den, der sie hat, angenehm und für seine Umwelt gut erträglich. Entsprechendes gilt für eine Analität, die sich in einer Freude am Produzieren äußert.

Je weniger man in einem bestimmten Bereich genießen kann, desto größer sind oft die Ansprüche an den Partner. Wer sexuell wenig genußfähig ist, wird vielleicht eine besondere Attraktivität des Partners erwarten, auch wenn er selbst Entsprechendes nicht bieten kann.

Sexuelle Genußfähigkeit hat eine andere Qualität als orale Genußfähigkeit; dennoch können sexuelle Wünsche durch orale Befriedigung ersetzt werden und umgekehrt.

Neid und Genügsamkeit

Wir beneiden einen anderen, wenn er etwas hat, was wir nicht haben und gern hätten. Das können materielle Güter sein, aber auch Fähigkeiten oder ein schönes Aussehen, soziale Stellung, Jugend. Meist ist der Neid stärker, wenn wir das, was der andere hat, noch nie hatten, als wenn wir es schon einmal besessen haben und es uns verlorengegangen ist, zum Beispiel die Jugend. Es gibt *konstruktiven* Neid: Der Wunsch, etwas zu haben, was ein anderer hat, kann uns dazu bringen, Mühen auf uns zu nehmen, um es ebenfalls zu erhalten. Das gilt besonders für materielle Güter, für Fähigkeiten und die soziale Position. Können wir nicht hoffen, das zu bekommen, was der andere hat, wünschen wir uns vielleicht, er möge es verlieren. Als Beispiel sei ein Industriearbeiter angeführt, der einen anderen Mann ein großes Auto fahren sieht. In den USA, wo die soziale Mobilität größer ist als in Europa, sagt der Arbeiter, wenn er den Mann im Cadillac sieht: »Eines Tages werde ich auch so ein Auto fahren«. In England sagt ein Arbeiter, der einen Mann im Rolls-Royce fahren sieht: »Eines Tages wirst du ebenso zu Fuß gehen wie ich«. Diese kleine Geschichte stammt aus einer Zeit, als die Arbeiter in England noch keine Autos hatten und die Aufstiegsmöglichkeiten in den USA größer waren als heute. Was sie ausdrücken will, gilt aber immer noch: Wer nicht hofft, einmal das zu besitzen, was der andere hat, wünscht sich oft, der andere möge es verlieren. Das nennt man dann destruktiven Neid.

Destruktiver Neid kann auch dem wehtun, der ihn empfindet; vor allem dann, wenn jemand aus moralischen Gründen

den Wunsch bei sich nicht zuläßt, der andere möge das verlieren, was er hat. Dann versucht er vielleicht, mit dem Neid anders umzugehen; zum Beispiel sagt er sich, daß er ein so großes Auto nicht braucht, weil er lieber zu Fuß gehe, was gesünder sei, oder daß das eigene, kleine Auto genügt; auch kann man es leichter parken. Die Entscheidung für ein kleines Auto kann, meine ich, vernünftig sein. Man findet leichter Parklücken und hat zudem das gute Gefühl, die Umwelt weniger zu belasten. Es kommt aber in unserem Zusammenhang darauf an, ob man sich ein großes Auto leisten könnte, wenn man wollte.

Wer eigentlich fast alles haben möchte, was käuflich ist, sich aber wenig kaufen kann, wird vielleicht Gründe finden, warum man bestimmte Dinge nicht braucht. Warum soll man Auto fahren, wenn Fahrradfahren gesünder ist? Warum soll man eine große Wohnung haben, die sauberzuhalten viel Arbeit macht? Warum soll man schöne Kleidung tragen, auf die man aufpassen muß?

Tatsächlich sind solche Überlegungen oft vernünftig, aber meist einseitig. Sie stellen die Nachteile des Besitzes in den Vordergrund und lassen die Vorteile außer acht. Der Genügsame ist zufrieden mit dem, was er hat. Das ist günstig, wenn man die Dinge, die man nicht hat, nie oder nur unter großen anderweitigen Opfern kaufen kann. Letztlich handelt es sich aber um eine Selbsttäuschung, wenn man die Vorteile von Dingen, die man nicht hat, völlig außer acht läßt.

Vom Neid ist *Habgier* zu unterscheiden. Beim Neid gibt es immer eine Person, die beneidet wird. Für den Habgierigen spielt es keine Rolle, wer die Dinge besitzt, die er haben will. Es kommt ihm nur darauf an, sie sich zu verschaffen. Von der Habgier ist wiederum *Geiz* zu unterscheiden. Geizige wollen von dem, was sie haben, nichts hergeben; zum Beispiel auch dann nicht, wenn Menschen zu Recht etwas von ihnen erwarten. In Ländern, in denen das Bedienungsgeld nicht auf der Rechnung steht, geben sie zu kleine oder gerade noch ausreichend Trinkgelder. Daß sie dann schief angesehen werden, macht ihnen weniger aus als ein Hergeben des Geldes.

Während es beim Geiz einfach um das Behaltenwollen geht, weil Besitz einen sehr hohen Wert hat, sind die Motive für *Verschwendungssucht* komplexer. Der Verschwendungssüchtige kann Geld deshalb ausgeben, weil er die Dinge, die er damit kauft, einfach haben will. Dann ist Verschwendungssucht eine Folge von Habgier. Geld hat für den Verschwendungssüchtigen einen geringeren Wert als die Dinge, für die er es ausgeben kann – im Unterschied zum Geizigen, für den Geld oft einen höheren Wert hat als die Dinge, die er sich dafür kaufen könnte. Verschwendungssucht kann aber auch etwas damit zu tun haben, daß jemand Ansehen oder Sympathie gewinnen will. Er gibt Geld aus, um als großzügig zu gelten und deshalb gemocht zu werden oder um deutlich zu machen, daß er über Geld verfügt, wie zum Beispiel jemand, der »Lokalrunden schmeißt«. Im Extremfall führt Verschwendungssucht zu Armut.

Es gibt aber auch *scheinbare Verschwendungssucht*. Manche Menschen können nicht Nein sagen, wenn man sie um etwas bittet. Von außen betrachtet wirken sie verschwenderisch. Dazu paßt aber nicht ihre innere Verfassung. Sie wissen, daß sie sich die Ausgaben eigentlich nicht leisten können und möchten das Geld lieber behalten. Nur fürchten sie, sich unbeliebt zu machen, wenn sie jemandem Geld oder sonstige Güter abschlagen.

Neid auf Fähigkeiten oder eine bestimmte soziale Stellung führt in seiner destruktiven Form meist zu entwertenden Gedanken oder Äußerungen. So sagt jemand: »Das kann er, aber das und das kann er nicht«. Oft wird unterstellt, daß der Betreffende Kompetenzen eigentlich erworben hat, weil er anderes nicht konnte; zum Beispiel könne er seine Freizeit nicht genießen, deshalb habe er so viel gelernt. Oder es wird gesagt, daß jemand nicht mit Freunden ausgehen kann, weil er kontaktgestört ist; deshalb sitzt er lieber hinter dem Schreibtisch. Das alles mag natürlich so sein, vom Neidischen werden solche Annahmen aber eingesetzt, um den eigenen Neid zu vermindern. Motivation aus einem Mangel heraus wird auch dann angenommen, wenn sie keine oder nur eine geringe Rolle spielt. Eine solche Taktik kann zweckmäßig sein. Sie erleichtert das Leben dessen, der sie anwendet.

Die Worte »Neid« und »Eifersucht« werden oft nicht klar unterschieden. *Neidisch* ist man auf etwas, das ein anderer hat. Es handelt sich um ein Gefühl in einer Beziehung zwischen *zwei Personen. Eifersucht* ist ein Gefühl, das in einer Beziehung auftritt, an der *drei Personen* beteiligt sind. Man ist eifersüchtig, wenn sich ein Mensch, der einem wichtig ist oder den man liebt, einem anderen Menschen zuwendet, besonders wenn man den Eindruck bekommt, dieser werde mehr geachtet oder geliebt. Eifersucht macht einen evolutionsbiologischen Sinn. Kinder können eher in guten Verhältnissen aufgezogen werden, wenn eine Mutter *und* ein Vater da sind. Wenn sich ein Mann einer anderen Frau zuwendet, kann das für die Frau bedeuten, daß sie den Partner verliert, mit dem zusammen sie ihre eigenen Kinder aufziehen will. Weniger bedrohlich ist es, wenn der Mann eine vorübergehende Beziehung eingeht. Entstehen aus dieser Beziehung freilich Kinder, muß die Frau fürchten, daß der Mann seine Ressourcen zwischen ihr und der anderen Frau aufteilt oder sich ganz von ihr abwendet.

Wendet sich eine Frau einem anderen Mann zu, kann das Ergebnis sein, daß sie ein Kind von diesem Mann bekommt, das der bisherige Partner dann als seines aufzieht.

Evolutionsbiologisch betrachtet, ist das Grundmotiv des Verhaltens im Partnerbereich das Weitergeben der eigenen Gene. Mit der Zeit haben sich festgelegte Verhaltensweisen herausgemendelt, die genau das ermöglichen sollen. Seit es verläßliche Verhütungsmittel gibt, scheint die Eifersucht in unserer Gesellschaft abgenommen zu haben, es gibt sie aber immer noch, und wir wären töricht, wenn wir sagen würden, daß Eifersucht nicht sein dürfe, weil sie den heutigen Verhältnissen nicht mehr entspricht; abgesehen davon, daß sich viele Geschlechtspartner auch bei ihrer ersten sexuellen Begegnung nicht schützen, sind unsere Einstellungen im Partnerbereich in vielen Jahrtausenden der Evolution entstanden, während die verläßlichen Verhütungsmittel ja erst seit einigen Jahrzehnten verbreitet sind.

Eifersucht nimmt extreme Formen an, wenn ein Mensch ausschließlich auf die Beziehungsform der Zweierbeziehung fixiert ist. Im Laufe unserer Entwicklung lernen wir normalerweise, und zwar in den ersten Lebensjahren, daß es mehrere wichtige Menschen geben kann. Das Kind lernt zum Beispiel, daß Mutter *und* Vater wichtig sind. Zum Liebesobjekt Mutter tritt das Liebesobjekt Vater hinzu. Wenn kein Vater da ist oder er die Mutter nicht wieder für sich beansprucht, nachdem sie sich anfangs dem Kind mehr als ihm zugewandt hatte, macht das Kind die notwendigen Lern- und Entwicklungsschritte nicht. Menschen, die auf die Beziehungsform der Zweierbeziehung fixiert sind (man sagt: *dyadisch fixiert* sind), sind höchst beunruhigt und geraten in Angst, wenn zum Beispiel auf einer Party jemand ihren Gesprächspartner anspricht und dieser sich der dritten Person, wenn auch nur vorübergehend, zuwendet. Sie fühlen sich dann abgeschrieben. Es ist ihnen nicht möglich, sich vorzustellen, daß es für einen Menschen mehr als eine wichtige Person geben kann. Wenn der Dritte auftaucht und der Gesprächspartner sich ihm zuwendet, unterbricht das die Interaktion, die vorher bestanden hat. Der dyadisch Fixierte erlebt die Unterbrechung der Interaktion so, als ob die Beziehung beendet würde. Der Gesprächspartner wird die Reaktion des dyadisch Fixierten nicht verstehen, wenn er selbst mit Mehrpersonenbeziehungen umgehen kann. Er meint, doch gar keinen Anlaß für eine solche Reaktion gegeben zu haben. Auch extreme Eifersucht scheinbar ganz ohne Anlaß hat oft etwas mit dieser Form von Entwicklungsstörung zu tun.

An pathologischer Eifersucht kann in der Regel ohne eine Therapie nichts verändert werden. Extreme Eifersucht, die auf einer dyadischen Fixierung beruht, bedarf eigentlich immer der Psychotherapie.

Extreme Eifersucht kann aber auch etwas damit zu tun haben, daß der Eifersüchtige zu Recht oder zu Unrecht eine geringe Meinung von sich selbst hat, besonders von seiner Attraktivität. Das kann reale Ursachen haben. Zum Beispiel mindert es die Attraktivität eines Mannes, wenn er impotent ist. Ein Alkoholiker, der wegen des Alkohols seine Potenz verloren hat, ist oft eifersüchtig. Entsprechendes gilt für Potenzstörungen mit anderen körperlichen oder psychischen Ursachen. Gelingt es, die Impotenz zu bessern, kann die Eifersucht wieder abnehmen.

Dieser Abschnitt setzte das *orale* Thema fort. Nicht alles, was man haben will, kann durch den Mund aufgenommen werden. Das orale Haben-Wollen ist aber unser erstes Haben-Wollen und dient später gewissermaßen als Muster für Haben-Wollen im allgemeinen.

Die Unterscheidung zwischen destruktivem und konstruktivem Neid meint eine Verarbeitungsform. Zugrunde liegt das Haben-Wollen. Man will etwas haben, was ein anderer hat.

Die Reaktion auf jemanden, der etwas hat, was einem fehlt, hängt von den eigenen Möglichkeiten ab, es zu bekommen. Es macht auch einen Unterschied, ob man das, was man gerne hätte, früher einmal gehabt hat.

Bei oralen Blockierungen kommt es oft zur *Selbstgenügsamkeit.* Neid wird dadurch vermieden. *Gier* ist beziehungsunabhängiger als Neid. Sie hängt auch nicht davon ab, ob man das Gewünschte hatte oder später einmal bekommt. Man möchte es jetzt und sofort haben. Die Person, der man es vielleicht wegnehmen möchte, spielt dabei nur eine kleine Rolle. *Geiz* wird hier behandelt, weil er der Habgier verwandt ist. Er hat auch ähnlich extreme Ausprägungsformen.

Ähnlich wie Großzügigkeit hat *Verschwendungssucht* verschiedene mögliche Motive. Im Unterschied zur Großzügigkeit, die sich in Beziehungen äußert, ist Verschwendungssucht weniger von einer bestimmten Beziehung abhängig.

Verschwendungssucht muß von »Nicht-Nein-sagen-Können« unterschieden werden. Letzteres ist stark beziehungsgebunden, auch wenn es ubiquitär auftritt. Man will einem Menschen gegenüber nicht Nein sagen. Menschen, die nicht Nein sagen können, erwecken manchmal den Eindruck von Verschwendungssucht, weil sie viel hergeben. Sie müssen aber jedesmal aufgefordert werden, etwas zu geben, während der Verschwendungssüchtige ohne Aufforderung etwas gibt.

Eifersucht ist ein Gefühl in einer Dreiersituation. In einer Beziehung zwischen zwei Personen kann sie nicht auftreten. Eifersucht gibt es schon präödipal. Bei einer Fixierung auf die dyadische Beziehungsform (es kann immer nur ein einziges wichtiges Objekt geben) kann Eifersucht sogar besonders stark sein. Eifersucht ist wahrscheinlich biologisch verankert und ein interessantes Thema der Evolutionspsychologie (vgl. BUSS 1994).

Sich verbergen und sich zeigen

Manche Menschen stehen gern im Mittelpunkt der Aufmerksamkeit, andere bleiben lieber im Hintergrund. Wer im Hintergrund bleiben will, tut das nicht immer aus Bescheidenheit. Oft läßt sich aus einer verdeckten Position heraus Macht leichter ausüben, als wenn man im Rampenlicht stünde. Menschen, die Macht wichtiger finden als Geltung, streben oft die Position der sogenannten »grauen Eminenz« an, die im Hintergrund das Geschehen lenkt.

Wer gerne im Mittelpunkt der Aufmerksamkeit steht, ist nicht immer unbescheiden. Tatsächlich stellen sich manche Menschen, die vor Publikum auftreten, im Privaten als ausgesprochen bescheiden heraus. Es gibt Musiker, die es genießen, vor Publikum zu spielen, und andere, die das Publikum vergessen, während sie spielen. Wenn das Publikum Beifall klatscht, scheinen sie aufzuwachen wie aus einem Trancezustand. Sie lassen das Publikum an ihrem Spiel teilhaben, spielen aber nicht in erster Linie für das Publikum. Das schließt nicht aus, daß sie sich freuen, wenn das Publikum sich an ihrem Spiel erfreut und das am Ende durch Beifall ausdrückt, manchen ist der Beifall aber eher lästig.

Viele Redner legen Wert darauf, in dauerndem Kontakt mit den Zuhörern zu sein und sich auf sie einzustellen. Auch Theaterschauspieler spielen besser, wenn sie sich im Kontakt mit dem Publikum fühlen. Es gibt aber manche, bei denen man den Eindruck hat, sie interpretierten schlicht eine Rolle und achten nicht darauf, ob das Publikum mitgeht oder nicht. Vom Publikum erwarten sie nur, daß es sich ruhig verhält. Gustav Gründgens scheint ein solcher Schauspieler gewesen zu sein. Es gibt auch Redner, die sehr gut sprechen, aber doch nicht den Kontakt mit dem Publikum suchen, sondern eine gute Rede »abliefern«, die sie genauso halten würden, wenn kein Publikum da wäre. Der ehemalige Bundespräsident von Weizsäcker scheint sich so zu verhalten. In den Interviews stellt er sich dagegen auf den Gesprächspartner ein. Da muß er ja auch von der Situation her mit ihm interagieren.

Die meisten Männer wollen nicht durch Aussehen Eindruck machen, sondern damit, was sie tun. Das gilt zum Beispiel für Sportler, aber auch viele Sportlerinnen haben diese Einstellung. Frauen finden das Aussehen im allgemeinen wichtiger als Männer und verwenden mehr Sorgfalt darauf. Der Prozentsatz der Männer, die durch Kleidung und Frisur positiv auffallen möchten, scheint im Vergleich zum Anteil der Frauen, die das wichtig finden, zwar zuzunehmen, aber immer noch kleiner zu sein. Auch aus der Sicht von Frauen ist es wichtiger, was der Mann tut und welche soziale Stellung er erreicht hat, als wie er aussieht. Bei Männern in hoher sozialer Stellung nehmen sie nicht selten ein fortgeschrittenes Lebensalter in Kauf. Man denke an die Ehe von Jackie Kennedy mit Onassis, es gibt aber noch viele andere Beispiele.

In Gesellschaftskleidung sind die Männer meist viel »angezogener« als die Frauen, aber auch in der Alltagskleidung zeigen Frauen mit schulterfreien Kleidern und mit nackten oder dünn bestrumpften Beinen mehr von ihrem Körper als die Männer. Das wird oft damit begründet, daß die Männer behaart seien und die Körperhaare unästhetisch wirkten. Man kann sich natürlich fragen, warum das der Fall sein soll.

Bis ins 18. Jahrhundert hinein waren Männer, die es sich materiell leisten konnten, bunter gekleidet und trugen Hosen, die enger anliegend geschnitten waren als heute die Jeans. Lange Röcke waren bei Frauen bis in unser Jahrhundert hinein ein Muß, obwohl die Frauen bei Festen oft schulterfreie oder tief ausgeschnittene Kleider trugen. Im Alltag wäre das in der Zeit vor dem Ersten Weltkrieg aber undenkbar gewesen.

Frauen, die sich besonders »offenherzig« anziehen, sind in ihren sexuellen Phantasien oft gehemmt.

Natürlich hängt es von der Situation ab, wie viel von seinem Körper man sehen lassen kann. Eine Frau, die sich am Strand »oben ohne« sonnt, hat weniger erotischen Aufforderungscharakter als eine Frau mit tiefem Ausschnitt auf einer Nachmittagsparty (oder auf der Straße, wenn es nicht gerade sehr heiß ist). Manche Frauen berücksichtigen diesen Kontext zu wenig. Männer, die ein Verhalten an den Tag legen, das im Bewegungsablauf erotischen Aufforderungscharakter hat, der nicht zur Situation paßt, brauchen kaum zu fürchten, daß Frauen über sie herfallen. Wohl müssen sie aber befürchten, daß sie sich lächerlich machen.

Bei *hysterischen* Menschen ist der Wunsch, im Mittelpunkt der Aufmerksamkeit zu stehen, Ausdruck eines Wunsches nach Anerkennung der Geschlechtseigenschaften. Hysterische Menschen wollen als Frauen oder Männer bewundert werden. Bei *narzißtischen* Menschen betrifft der Wunsch die ganze eigene Person.
Wer sich im Mittelpunkt der Aufmerksamkeit sehen will, kann sich als von vielen Menschen umworben phantasieren und dann eine Ansammlung von Menschen wie ein einziges Objekt, ein sogenanntes *Globalobjekt,* erleben. Ein Globalobjekt repräsentiert meist die frühe Mutter. Manche Menschen, die vor Publikum auftreten, wollen nicht, daß andere ihnen Beifall spenden. Sie wollen selbst mit ihren Leistungen zufrieden sein und sind darin oft Perfektionisten. Anderen ist Beifall unentbehrlich. Sie brauchen ihn, um ihr narzißtisches Regulationssystem stabil zu halten. Menschen, die sich im körperlichen Bereich exhibitionistisch verhalten, haben oft ein eingeschränktes Wahrnehmungsvermögen für die sexuelle Wirkung ihres Körpers, weil sie selbst sexuell gehemmt sind. Sie haben deshalb eine Schwierigkeit, sich mit sexuell klarer empfindenden Zuschauern zu identifizieren, und sind von ihrer sexuellen Wirkung oft überrascht. Diese Schwierigkeit findet sich besonders häufig bei Menschen mit einer hysterischen Struktur.

Männern wird von Frauen oft vorgeworfen, daß sie zu wenig über sich sagen, nicht so gern sprechen und mit Persönlichem hinterm Berg halten. Frauen wird von Männern häufig vorgeworfen, daß sie zu viel reden, ihre subjektiven Meinungen zum Maßstab erheben und ihren Gefühlszustand jedem auf die Nase binden.

Das entspricht natürlich den Geschlechtsrollenvorstellungen. Männer gelten ja allgemein als verschlossener, beherrschter und sachlicher, während von Frauen erwartet wird, daß sie offener, emotionaler und subjektiver sind.

In diesem Abschnitt soll es nun um Durchlässigkeit gehen, zwischen Männern und Frauen, aber auch in einem allgemeineren Sinn.

Die amerikanische Psycholinguistin DEBORAH TANNEN (1993) hat in ihrem Buch »Du kannst mich nicht verstehen« an Beispielen gezeigt, daß Frauen mehr Wert darauf legen, ihr subjektives Erleben auszudrücken, während es Männern wichtiger ist, sachlich zu sein und ein Problem zu bewältigen. Klagt eine Frau, daß ein Haushaltsgerät kaputt gegangen ist, und beschreibt sie, welche Auswirkungen das auf ihre Gefühle hat, will der Mann das nicht hören. Er denkt gleich darüber nach, wie das Gerät am schnellsten und besten zu reparieren wäre.

Da wir alle auf spezifische Geschlechtsrollenvorstellungen hin sozialisiert worden sind und außerdem noch nicht bekannt ist, wie weit auch genetisch bedingte Grundeinstellungen hier eine Rolle spielen, hat es nicht viel Sinn, von Männern und Frauen zu erwarten, daß sie sich im Handumdrehen ändern. Ein anderes Verhalten von Männern und Frauen muß auch gesamtgesellschaftlich gewünscht werden, ehe ein Individuum erwarten kann, nicht zum Außenseiter zu werden, wenn es sich auf eine andere Rollenvorstellung hin verändert. Gewünscht wird von vielen der androgyne Mann, der auch seine weiblichen Anteile zu leben in der Lage ist. Seine möglichen Vorteile hat BADINTER (1993) überzeugend geschildert. Bis dahin werden aber wohl viele Jahre ins Land gehen. Eine Frau, die von Männern mehr Gesprächigkeit und mehr Reden über sich selbst erwartet, wird in ihren Erwartungen wahrscheinlich oft enttäuscht werden; umgekehrt auch ein Mann, der von seiner Frau mehr Sachlichkeit erwartet, als sie vielleicht zeigt.

Dabei haben es die Männer leichter als die Frauen, weil auch von der heute immer noch männlich bestimmten Berufswelt an die Frauen Anforderungen gestellt werden, die auf mehr Sachlichkeit und weniger Emotionalität hinauslaufen. Das Einbringen privater Probleme in den Berufsalltag wird eher negativ bewertet. Solange im allgemeinen Männer die Vorgesetzten sind, wird sich daran auch prinzipiell nicht viel ändern. Frauen, die sich in führende Stellungen hochgearbeitet haben, haben meist gelernt, Sachlichkeit im Beruf positiv zu bewerten. Solche Frauen streben selber nach Sachlichkeit und verlangen sie von ihren Mitarbeiterinnen. Da kann es dann leicht passieren, daß eine Vorgesetzte als ein schlimmerer »Pascha« erlebt wird als mancher Mann, der dieselben Normen und Werte vielleicht mit mehr Selbstverständlichkeit und deshalb weniger ausschließlich vertreten hätte.

Durchlässigkeit gibt es in zwei Richtungen, von innen nach außen und von außen nach innen. Auch Durchlässigkeit von außen nach innen wird von Frauen meist stärker erwartet als von Männern. Man schreibt den Frauen mehr Mitgefühl und Einfühlungsvermögen zu und verlangt diese Eigenschaften von ihnen. Einfühlung geht von außen nach innen. Von innen nach außen kann man allenfalls das Ergebnis von Einfühlung mitteilen. Man muß sich dem anderen öffnen, um sich einfühlen zu können. In geschützten Situationen mit klaren Rollenvorschriften, wie zum Beispiel in der Situation einer Psychotherapie, können Männer sehr einfühlsam sein. Sie stehen darin ihren Berufskolleginnen nach meiner Einschätzung nicht nach. Das spricht dafür, daß Männer durch ihre Rollenvorgabe sonst daran gehindert werden, einfühlsamer zu sein, obwohl sie einfühlsamer sein könnten. Allerdings dürfte auch eine Rolle spielen, daß Männer, die sich nicht einfühlen mögen, nicht gerade den Beruf des Psychotherapeuten wählen dürften.

In manchen Berufen ist es besonders wichtig, die eigene

Durchlässigkeit dosieren zu können. Solche Berufe sind die Pflegeberufe, der Beruf der Ärztin oder des Arztes, der Beruf des Sozialarbeiters. Hier ist es besonders wichtig, die richtige Kombination von Einfühlung und Sachlichkeit zu finden. Wer das Leid eines Menschen, mit dem er umgeht, mit gleicher Intensität mitfühlen muß, nicht, weil er sich dem anderen freiwillig öffnet, sondern weil er sich vor dem Leid des anderen nicht verschließen kann, um zum Beispiel über Hilfsmöglichkeiten nachzudenken, wird die Belastungen eines solchen Berufes nicht aushalten und auch nicht sehr kompetent darin arbeiten können. In einem solchen Beruf zeigt sich besonders deutlich, daß es stark von der Situation und den Aufgaben abhängen kann, wie weit man sich öffnen sollte und wie weit es notwendig ist, sich zu verschließen, zumindest zeitweise.

Durchlässigkeit anderen Menschen gegenüber ist positiv zu bewerten, wenn sie begrenzt werden kann. Unbegrenzte Durchlässigkeit ist eine Form von Hilflosigkeit.

Psychoanalytisch betrachtet handelt es sich hier um die Entwicklung *flexibler Ich-Grenzen*, um die Entwicklung der Fähigkeit, sich öffnen und sich verschließen zu können. Diese Fähigkeit wird in den ersten drei Lebensjahren erreicht oder nicht erreicht. Sie bestimmt später wesentlich den Umgang mit Menschen im Beruf und im privaten Leben. Im Fachjargon spricht man von Ich-Grenzen oder auch von einer *Differenzierung* zwischen der Selbstrepräsentanz und der *Objektrepräsentanz*. Bleibt sie unvollständig, herrscht nicht Flexibilität vor, sondern Starre. Dem Wunsch nach Verschmelzung steht der Wunsch nach Abgrenzung gegenüber. In die Verschmelzung kann nicht angstfrei hineingegangen werden, die Abgrenzung hat einen krampfhaften Charakter.

Ehrsucht und Bescheidenheit

Ganz ohne Anerkennung durch ihre Mitmenschen zu leben, ist wohl für die meisten Menschen sehr schwer. Wer aber auffällig nach Anerkennung strebt, hat meist ein labiles Selbstwertgefühl. Im Alter nimmt die soziale Anerkennung meist ab. Daraus erklärt sich die sogenannte »Ehrsucht der Greise«. Für Menschen, die in der Kindheit wenig Anerkennung erfahren haben, bleibt Anerkennung oft ein lebenslanges Problem. Einerseits streben sie nach Anerkennung, andererseits sind sie nicht daran gewöhnt und reagieren - scheinbar - paradoxerweise ablehnend, wenn sie Anerkennung erfahren. Sie können in einer Zeit, in der sie ausbleibt, auch schwer von vergangener Anerkennung zehren. Sie können Anerkennung gewissermaßen nicht speichern, sondern brauchen sie fast kontinuierlich.

Oft reicht einfache Anerkennung nicht aus, Bewunderung muß es sein. Solche Menschen machen sich von Bewunderern abhängig, was sie dann auch spüren und wogegen sie infolgedessen innerlich protestieren. Manche helfen sich in dem Konflikt, Anerkennung zu brauchen und gleichzeitig davon unabhängig sein zu wollen dadurch, daß sie Menschen abwerten, von denen sie positiv eingeschätzt werden. Das läßt sie weniger abhängig erscheinen, gleichzeitig verliert aber deren Anerkennung an Wert. Das kann durch eine große Zahl von Anerkennenden ausgeglichen werden, deren Anerkennung sich gewissermaßen addiert. Aus den Biographien mancher Schauspieler geht hervor, daß der Wunsch nach Anerkennung durch das Publikum eine wesentliche Triebfeder ihrer Berufswahl und späteren Arbeit war. Solange sie die Anerkennung eines Publikums bekommen, können sie ihre Defizite ausgleichen. Bleibt die Anerkennung aber aus, geht es ihnen oft schlecht. Manche Schauspieler tapezieren ihre Wände im Alter mit Bühnenfotos und positiven Kritiken. Das scheint mir im Ganzen eine sinnvolle Maßnahme zu sein. Sie ist allerdings nur solchen Schauspielern möglich, die überhaupt in der Lage sind, auf frühere Anerkennung zurückzugreifen.

In der Wissenschaft ist es heute weniger als noch vor fünfzig oder hundert Jahren möglich, etwas zu tun, von dem man annehmen kann, daß man sich damit auf längere Zeit einen großen Namen machen wird. Die »Halbwertzeit« einer wissenschaftlichen Arbeit, was ihren Nutzen für das entsprechende

Fachgebiet angeht, wird in den Naturwissenschaften, mit wenigen Ausnahmen, heute auf etwa fünf Jahre geschätzt. Vor allem gilt das in Wissenschaftsbereichen, die der Technik nahestehen oder als eine angewandte Form von Technologie definiert werden können. Immer neue und immer bessere Geräte werden entwickelt, vieles ist schon in wenigen Jahren überholt.

Der Vorgriff auf Anerkennung in der Zukunft funktioniert für den Wissenschaftler heute deshalb schlechter als in früheren Zeiten. Wer vergangene Anerkennung für sich nicht nutzen kann und nicht damit rechnet, von der Nachwelt anerkannt zu werden, muß Anerkennung verstärkt in der Gegenwart suchen. Gerade beim Forscher und beim Künstler ist der Wunsch nach Anerkennung aber als ein sekundäres Motiv zu betrachten, im Unterschied zu den primären Motiven, etwas zu finden, zu erfinden oder zu schaffen. Nehmen die sekundären Motive wie der Wunsch nach Anerkennung (oder auch der Wunsch nach Geldverdienen) sehr überhand, wird die eigene Arbeit so ausgerichtet, daß diese Wünsche erfüllt werden. Deren Originalität kann dann darunter leiden. Man macht »Auftragsforschung« oder »Auftragskunst«.

Die Frage der primären und der sekundären Motivation spielt natürlich nicht nur in Berufen mit hohem Sozialprestige eine Rolle. Fast alle Menschen, die etwas tun, haben den Wunsch, dafür anerkannt zu werden. Es gibt Berufe, die unter einem chronischen Defizit an Anerkennung leiden. Dazu gehört zum Beispiel der Beruf des Kellners oder der Kellnerin. Ihre eigentliche Arbeit wird selten gelobt, gelobt wird das Essen, das der Kellner nicht gekocht hat, sondern nur an den Tisch bringt. Dennoch freuen sich manche Kellner über ein Lob des Essens, weil sie lieber in einem Betrieb arbeiten, wo etwas Gutes produziert wird, als in einem Betrieb, wo schlechtes Essen auf den Tisch kommt.

Hier ging es um das *narzißtische Regulationssystem* eines Menschen in Interaktion mit seiner Umwelt. Wer sich unrealistisch positiv einschätzt, braucht für diese Einschätzung dauernde Bestätigung, weil er spürt, daß sie zweifelhaft ist. Selbstüberschätzung entsteht oft kompensatorisch. Wer sich unrealistisch niedrig einschätzt, möchte sein Selbstwertgefühl durch Anerkennung aufwerten lassen. Gründet sich das Selbstwertgefühl auf positive Eigenschaften, deren man sicher ist, ist es meist möglich, längere Zeit ohne äußere Anerkennung auszukommen.

Anerkennung von außen wird oft angezweifelt; so wenn sie früheren Erfahrungen nicht entspricht, aber auch wenn sie das narzißtische Regulationssystem gleichsam zum Schwingen bringt und dadurch weiter labilisiert. Der Mensch gerät dann in einen narzißtischen Erregungszustand und hat das Gefühl, »abzuheben«.

Menschen, die an Anerkennung nicht gewöhnt sind, scheinen kein Reservoir für sie ausgebildet zu haben. Je kleiner das Reservoir, desto geringer die »Autonomie« bezüglich eines positiven Selbstwertgefühls.

Idealisieren und entwerten

Idealisieren und entwerten durchziehen unser ganzes Leben. Wir idealisieren unsere Eltern (»Papi kann alles«), später entwerten wir sie (»Papa weiß gar nichts«). Zu einer ausgewogenen Einschätzung der Eltern kommen wir oft erst spät im Erwachsenenalter.

Auch Lehrer werden idealisiert oder entwertet, sind »ganz toll« oder »der letzte Heuler«. Zu einer ausgewogeneren Sicht der Lehrer kommen die meisten Menschen früher als zu einer differenzierten Sicht ihrer Eltern, oft schon wenige Monate oder Jahre nach Verlassen der Schule. Idealisiert und entwertet werden dann vielleicht Hochschullehrer oder Ausbilder. Die anschließende Partnerwahl bringt oft eine Idealisierung, FREUD (1905, S. 49ff.) hat das »Sexualüberschätzung« genannt. Die Idealisierung macht nach einigen Wochen oder Monaten einer realistischeren Sichtweise Platz, der die Beziehung standhalten kann oder nicht. Stellt sich ein Partner als enttäuschend heraus und wird der Irrtum in der Partnerwahl als kränkend empfunden, kommt es auch hier zur Entwertung.

Manche Menschen neigen in krankhafter Weise dazu, andere zu idealisieren oder zu entwerten. Sie leben gleichsam in einer Märchenwelt, wo es nur Gute und Böse gibt, die gute Fee oder die böse Hexe, der gute oder der böse Zauberer, die gute Schwester und die bösen Schwestern. Im Unterschied zum Märchen aber kann das Gute und das Böse in der Sicht solcher Menschen in einer Person abwechseln. Jemand, der idealisiert worden war, kann im nächsten Augenblick verteufelt werden. Aus scheinbar geringfügigem Anlaß – er hat eine Erwartung nicht ganz erfüllt oder eine einzige als kränkend empfundene Äußerung getan – kippt die Einschätzung ins Gegenteil um. Menschen, denen es so geht, haben im Laufe ihrer Entwicklung keine inneren Modelle für Menschen entwickelt, die Eigenschaften haben, die man als angenehm und zugleich andere, die man als unangenehm empfinden kann. Entspricht ein Mensch dem ideal guten Bild nicht, das man bereitliegen hat, kann er nur dem anderen bereitliegenden Bild, dem völlig schlechten, entsprechen. Die Aufteilung der inneren Modelle in gute und schlechte hängt damit zusammen, daß jemand die innere Spannung nicht ertragen kann, die entsteht, wenn man sich damit auseinandersetzen muß, daß wohl kein Mensch ideal gut und kein Mensch völlig schlecht ist.

In schweren solchen Fällen kann nur eine Psychotherapie helfen, und auch die nicht immer. Aber auch Menschen, die innere Modelle für Menschen besitzen, die sowohl gut als auch schlecht sind, können in Lebenssituationen kommen, in denen es ihnen schwerfällt, Mängel bei Menschen zu akzeptieren und auch Gutes in ihnen zu sehen. So kommt es relativ häufig vor, daß Menschen geringfügige Mängel ihrer Partner nicht aushalten, weil sie sich in der Verliebtheit ein ideales Bild von ihnen gemacht haben und dieses Bild keinen »Kratzer« verträgt. Auch Menschen, die sonst zu einer ausgewogenen Sichtweise in der Lage sind, verteufeln dann ihre Partner. In einer derartigen Situation mag es gut sein, sich klarzumachen, daß die Einschätzung des Partners als durch und durch böse ebensowenig realistisch sein kann wie vorher das Bild eines ganz idealen Menschen.

Zu Idealisierungen neigen wir auch in Zeiten der Gefahr. Jemand, der anbietet, eine Expedition, die richtungslos umherirrt, wieder auf den richtigen Weg zu bringen, oder ein Politiker, der in einer Krise verspricht, sie zu meistern und die Not abzuwenden, kann idealisiert werden. Gelingt es dem idealisierten Menschen nicht, die Erwartungen zu erfüllen, schlägt die Idealisierung dann oft ins Gegenteil um. Aus dem »Hosiannah« wird ein »Kreuziget ihn«.

Sportler, die durch besondere Leistungen hervorgetreten sind, zum Beispiel indem sie Weltmeister oder Weltranglistenerster wurden, können völlig entwertet werden, wenn sie die erwarteten Höchstleistungen nicht mehr vollbringen. Man konnte das zum Beispiel bei der Einschätzung des Tennisspielers Boris Becker beobachten.

In Großgruppen, wie auf dem Fußballplatz, kommt es unter Umständen sehr rasch zur Entwertung. So können ein idealisierter Spieler oder eine idealisierte Mannschaft, die enttäuschen, durch Zwischenrufe völlig »niedergemacht« werden.

Vor allem für eine Partnerschaft erscheint es mir nützlich, sich darüber klarzuwerden, daß sich Erwartungen, die das Ergebnis einer Idealisierung sind, nicht erfüllen können und daß es in der Beziehung zu einer idealisierten Person oft zu entwertenden Überreaktionen kommt, wenn diese Person den Erwartungen nicht entspricht. Idealisierung wie Entwertung bedeuten einen Realitätsverlust. Wer idealisiert hat, ist nicht »berechtigt« zu erwarten, daß sich sein unrealistisches Bild von einem Menschen bewahrheitet.

In diesem Kapitel ging es um die Einschätzung anderer. Die *Sexualüberschätzung* nach Freud (1905) ist ein Beispiel für »normale Überschätzung«. Die Unterschätzung der Eltern in der Adoleszenz wäre ein Beispiel für eine »normale Unterschätzung«.

Objekt-Spaltung und *Spaltung des Selbst* als Ergebnis der Funktion des Abwehrmechanismus »Spaltung« führen zu einer *Idealisierung* und *Entwertung* der aufgespaltenen Anteile. Idealisierung und Entwertung gibt es aber auch ohne diesen Abwehrmechanismus. Manche Entwertung ist das Ergebnis vorausgegangener Überschätzung.

Jemand entspricht in einer Hinsicht dem Bild nicht, das man sich von ihm gemacht hat – dann taugt er insgesamt nichts. Man kann solche nicht passenden Eigenschaften aber auch ausblenden. Umgekehrt werden positive Eigenschaften eines Menschen ausgeblendet, wenn sie zu einem negativen Bild nicht passen.

Die Tendenz zur Idealisierung oder Entwertung ist persönlichkeitsabhängig, aber auch situations- und beziehungsabhängig. Ob jemand zu einer dauernden Partnerschaft fähig ist, zeigt sich unter anderem daran, ob er die »Sexualüberschätzung« aufgeben und die Beziehung dennoch aufrechterhalten kann.

Selbstidealisierung und Selbstentwertung

Bei Frauen scheint es seltener vorzukommen, daß sie sich idealisieren, als daß sie sich abwerten, zumindest was ihre äußere Erscheinung angeht. Damit, daß sie sich abwerten, ist nicht unvereinbar, daß Frauen hohe Ansprüche an ihren Partner stellen. Genügt der Partner diesen Ansprüchen nicht, bietet das Anlaß zur Abwertung. Eine Frau mit einem unsicheren Selbstwertgefühl kann sich dann neben dem abgewerteten Mann relativ sicher fühlen: So einen wie den verdient sie allemal. Andere Frauen suchen sich einen Mann, der ihnen durch eine hohe gesellschaftliche Rangposition Selbstwertgefühl vermittelt. Das sind dann die sogenannten »Mondfrauen«, die ohne ihre »Sonne« nicht denkbar sind.

Die Abwertung des Partners hat Nachteile. Um ein abgewertetes Bild von ihm zu bekommen, muß die Frau positive Eigenschaften ausblenden und negative Eigenschaften übertreiben. Manche Frauen werten den Mann als Person ab, genießen aber sein Ansehen in der Gesellschaft und die Vorteile, die es ihnen bringt. Die paradoxe Situation, daß scheinbar trotz, in Wahrheit aber gerade wegen eines schlechten Selbstwertgefühls hohe Ansprüche gestellt werden, die nicht erfüllbar sind, wird in ihren Zusammenhängen oft nicht durchschaut.

Da die Industrie heute vieles übernommen hat, was früher Aufgabe der Frauen war, zum Beispiel das Herstellen hausgemachter Nahrungsmittel, würde es keineswegs helfen, das Rad der Geschichte bezüglich der Berufstätigkeit von Frauen zurückzudrehen, um Frauen zufriedener zu machen. Eine Frau, die sich für die Arbeit ausschließlich im Haushalt entscheidet, findet heute ein viel weniger differenziertes und interessantes Arbeitsfeld vor, als ihre Großmutter es vorfand. Die Industrie stellt eben beispielsweise Nudeln so billig her, daß es für die meisten Frauen unsinnig wäre, sie selbst zu machen. Allenfalls die Herstellung naturbelassener Nahrungsmittel aus biologisch angebauten Grundstoffen kann noch eine Herausforderung sein; in manchen »ökologischen« Haushalten, in denen die Frau sich auf die Hausfrauenarbeit konzentriert, wird heute sogar komplizierter gekocht als zu Großmutters Zeiten.

Die Selbstidealisierung von Männern betrifft meist nicht das Aussehen, sondern bestimmte Funktionen. Muskeln bedeuten Kraft in der körperlichen Auseinandersetzung mit anderen Männern oder in der Arbeit und im Sport. Für Männer ist es oft sehr wichtig, auf irgendeinem Gebiet gut Bescheid zu wissen. Meist ist das der Beruf, bei Menschen mit einem wenig differenzierten Beruf, der geringe Anforderungen an Wissen stellt, ist es oft irgendein Hobby oder eine Sportart, unter Umständen auch ein Zuschauersport wie etwa Fußball. Dann identifizieren sich die Männer mit ihrer Fußballmannschaft. Wenn Männer sich selbst idealisieren, sehen sie sich oft als kenntnisreich. Sie »wissen Bescheid«. Andere wieder idealisieren ihre Sachlichkeit und Selbstbeherrschung, Eigenschaften, die man ja meist nach wie vor als männlich ansieht. Frauen idealisieren zunehmend ihre Emotionalität.

Können Menschen ihren Beruf nicht mehr ausüben, hat das meist negative Folgen für ihr Selbstwertgefühl. Solche Menschen werten sich unter Umständen total ab. Sie denken, daß sie zu nichts mehr nütze seien. Krankheitssymptome werden dann oft übertrieben, um eine einleuchtende Legitimation dafür zu bekommen, daß man nicht mehr arbeiten kann. Das kann bei den Gutachtern der Rentenversicherungsanstalten den falschen Eindruck erwecken, die tatsächlich vorhandenen Beschwerden würden eine Berentung nicht rechtfertigen – sonst bräuchte der oder die Betreffende sie ja nicht zu übertreiben. Daß es sich auch um Rechtfertigung handelt, nicht nur vor anderen, sondern auch vor sich selbst, wird übersehen.

In der Beziehung zu einer Frau unterstellen viele Männer ihrer Partnerin, daß sie den Partner nach den gleichen Kriterien einschätzt, die sie selbst auf sich anwenden. Umfragen haben gezeigt, daß Männer den Frauen unterstellen, männliche Partner mit besonders viel Muskelmasse seien für sie anziehend, während Frauen die Muskeln eines Mannes für eher unwesentlich halten. Männer und Frauen sind sich allerdings meist darin einig, daß die soziale Stellung eines Mannes zu seiner Attraktivität beiträgt.

Störungen des Selbstwertgefühls sind nicht leicht zu beeinflussen. Immerhin kann man aber eigene Kompetenzen mit denen anderer vergleichen und sich mit der Diskrepanz zwischen dem, was man dann erkennt, und dem, was man sich vorgestellt hat, auseinandersetzen. Schwieriger ist es schon mit dem eigenen Aussehen. Das eigene Aussehen objektiv zu beurteilen, ist für jemanden mit schlechtem Selbstwertgefühl ungemein schwierig. Es gibt ausgesprochen schöne Frauen, die sich häßlich finden. Sie sehen sich so, wie es zu ihrem Selbstwertgefühl paßt, und übertreiben kleine Mängel, zum Beispiel eine etwas lange Nase oder einen etwas kleinen oder großen Busen, um ihre Selbstwahrnehmung dem schlechten Selbstwertgefühl anzupassen. Manchmal richten sie auch ihr Verhalten entsprechend ein. So kann es sein, daß eine Frau sich abweisend verhält, ohne das zu merken, und es dann auf ihr Aussehen zurückführt, wenn Männer sich ihr nicht zuwenden oder sich von ihr abwenden. Frauen, die viel weniger gut aussehen, können, um das auszugleichen, »etwas aus sich machen«. Sie entwickeln vielleicht einen Charme, der Mängel ihres Aussehens kompensiert und Männer veranlaßt, sie besser aussehenden Frauen vorzuziehen. Hat eine Frau, der eine weniger gut aussehende wegen ihres Charmes vorgezogen wird, ein schlechtes Selbstwertgefühl, kann sie das dann als Bestätigung dafür nehmen, daß sie in Wirklichkeit nicht gut aussehe. In ihrer Beziehung zu einem Mann wird sie sich dann vielleicht noch stärker als bisher schon nach ihm richten - wenn der sich von ihr trennte, würde sie ja doch keinen anderen finden.

Störungen des Selbstwertgefühls haben meist etwas damit zu tun, daß Kinder von ihren Eltern nicht geliebt oder nicht anerkannt wurden; das kann aus den verschiedensten Gründen so gewesen sein, zum Beispiel weil die Geburt des Kindes nicht in die Lebensplanung der Eltern paßte oder weil das Kind von einem ungeliebten Mann stammt oder von einem Mann, der die Mutter des Kindes enttäuschte, etwa indem er sich von ihr trennte. Das Kind erinnert sie dann an den Vater. Es gibt natürlich auch Eltern, die von ihrer Persönlichkeit her mit Kindern überfordert sind und das spüren. Um ihr eigenes Selbstwertgefühl zu stärken, schieben sie die Schwierigkeiten dann auf das Kind, das als »besonders schwierig« erlebt wird. Viele abgelehnte Kinder sind auch solche, die ein verstorbenes Geschwister ersetzen sollten. Da verstorbene Kinder häufig idealisiert werden, haben es solche »Ersatzkinder« schwer, die Erwartungen der Eltern zu erfüllen. Die Eltern meinen, das verstorbene Kind wäre sicher besser geraten. Daß große materielle Schwierigkeiten dazu führen können – aber nicht müssen –, ein Kind als Last zu empfinden, ist auch unmittelbar einsichtig.

Manchmal »stimmt« das Geschlecht nicht. Die Eltern oder ein Elternteil erwarteten einen Jungen, und es wurde ein Mädchen, oder umgekehrt. Hier bezieht sich das Minderwertigkeitsgefühl oft auf die Geschlechtseigenschaften. Mädchen, die ein Junge werden sollten, lehnen weibliche Geschlechtseigenschaften ab und versuchen solche zu entwickeln, die als eher »männlich« gelten. Umgekehrt entwickeln Jungen, die ein Mädchen werden sollten, Eigenschaften, die man im allgemeinen der weiblichen Geschlechtsrolle zurechnet. Da ein eher männliches Verhalten bei Frauen gesellschaftlich leichter akzeptiert wird als ein weibliches, weibisch genanntes Verhalten bei Männern, gehen die Kinder, die ein Mädchen hätten werden sollen, oft den Weg der Überkompensation des Männlichen. Sie wollen beweisen, daß sie doch wie Männer sind. Ein berühmtes Beispiel ist ERNEST HEMINGWAY, der die ersten drei oder vier Lebensjahre in Mädchenkleidern verbrachte und später in seinen Büchern, aber auch in seinem Leben, Männlichkeit überbetonte.

Daß es in späteren Beziehungen zu Schwierigkeiten kommt, wenn jemand Eigenschaften des anderen Geschlechts betont oder die eigenen Geschlechtseigenschaften überbetont – auch manche Frauen tun das, die als Mädchen abgelehnt wurden –, ist wohl unmittelbar einsichtig. Manche solcher Männer und Frauen finden aber Partnerinnen oder Partner, die Eigenschaften der männlichen Geschlechtsrolle bei einer Partnerin schätzen, beziehungsweise Eigenschaften des weiblichen Stereotyps bei einem Partner. Es kommt auch hinzu, daß die männlichen und weiblichen Rollenvorstellungen sich wandeln. Heute wird von Männern ein weicheres Verhalten erwartet als vielleicht noch vor fünfzig Jahren. Es heißt ja: »Neue Männer braucht das Land.« Wie weit »neue Männer« von den Frauen auf Dauer akzeptiert werden, bleibt aber abzuwarten. Als Psychotherapeut kann man beobachten, daß viele Männer sich in der Hausmann-Rolle nicht wohlfühlen, wenn sie gezwungen sind, sie einzunehmen, und daß sie in dieser Rolle von den Frauen auch nicht anerkannt werden. Das kann sich noch ändern. In diesem Zusammenhang ist es vielleicht wichtig, sich klarzumachen, daß zu Goethes Zeiten Männer in ihrem Verhalten in manchem, wenn man nach der damaligen schönen Literatur geht, sehr viel »weiblicher« waren als heute.

Jedenfalls wird ein Mann, der eigene »weibliche« Eigenschaften in sein Rollenverständnis von einem Mann integriert und deshalb über seine Persönlichkeitseigenschaften mit sich im reinen ist, ein besseres Selbstwertgefühl haben, als einer, dem das nicht gelingt. Entsprechendes gilt natürlich für Frauen, die Eigenschaften der männlichen Geschlechtsrollenvorstellung in ihr Verständnis von der Rolle einer Frau integriert haben. Dagegen haben heterosexuelle Männer, die »männliche« Eigenschaften ganz ablehnen und nur Eigenschaften, die zur weiblichen Geschlechtsrolle passen, kultivieren, meist

Schwierigkeiten mit sich selbst und mit Frauen. Entsprechendes gilt für heterosexuelle Frauen, die »weibliche« Eigenschaften ablehnen und bei sich unterdrücken und nur Eigenschaften der männlichen Geschlechtsrollenvorstellung bei sich akzeptieren. Bei homosexuellen Männern kann man beobachten, daß manche sich betont männlich geben und andere wieder betont weiblich, wobei Homosexuelle mit betont weiblichem Verhalten es nicht nur mit heterosexuellen Männern und Frauen schwer haben, sondern auch mit der Mehrzahl homosexueller Männer. Homosexuelle Frauen mit einem betont männlichen Verhalten finden dagegen meist Partnerinnen, die das nicht nur akzeptieren, sondern auch schätzen; für homosexuelle Frauen mit einem betont weiblichen Verhalten gilt Entsprechendes.

In diesem Kapitel wurden vor allem Geschlechtsunterschiede bei grundlegenden inneren Einstellungen beschrieben sowie deren Auswirkungen auf eine Selbstidealisierung oder Selbstentwertung. Die Unterschiede sind zum Teil gesellschaftlich bedingt, zum Teil handelt es sich wohl um angeborene Dispositionen, die in der Evolution einen positiven Selektionswert hatten (z.B. Vogel 1989, Buss 1994). Über die Geschlechtsunterschiede in der allgemeinen Einschätzung von Partnern kann man insgesamt wohl am meisten aus der Evolutionspsychologie und der Sozialpsychologie erfahren. Aus der einfachen Tatsache, daß der Mann einen Penis hat, und die Frau nicht, können Psychoanalytiker heute nicht mehr die bisherigen Schlüsse ziehen.

Individualität und Konformität

Wohl schon immer, mit Sicherheit seit der Renaissance, wird die Individualität des einzelnen mal mehr, mal weniger betont. Sie wird um so mehr betont, je friedlicher die Zeiten sind und je größer der Wohlstand. Wenn die Zeiten unsicher sind und es mit dem Materiellen knapp wird, betont man das Gemeinsame, um den Zusammenhalt zu stärken und erst einmal die gemeinsamen Aufgaben unter Hintanstellung individueller Bedürfnisse zu bewältigen.

Andererseits gibt es aber auch einen Wunsch nach Individualität und einen Konformitätsdruck, die beide nicht unmittelbar durch die Notwendigkeiten einer geschichtlichen Situation bedingt sind. In den USA ganz offensichtlich, versteckter auch bei uns, wird ein starker Druck auf Leute ausgeübt, die im gleichen Stadtviertel wohnen; nicht nur durch die Bauvorschriften, sondern auch durch Nachbarschaftsbeobachtung und Nachbarschaftsbequatschung. In amerikanischen Vorstädten sieht oft ein Vorgarten aus wie der andere, bei uns kann man das in manchen Stadtvierteln auch beobachten. In den Gleichaltrigen-Gruppen von Jugendlichen ist der grundsätzliche Kleidungsstil einheitlich, man setzt sich nur gegenüber den Erwachsenen ab. Viele Frauen im Erwachsenenalter, zunehmend auch Männer, unterwerfen sich widerspruchslos den Diktaten der Mode. Die Mode wird durch die sogenannten Modeschöpfer kreiert, muß aber dann von der Bevölkerung angenommen werden. Setzt sich eine Mode durch, fällt auf, wer ihr nicht folgt.

Entsprechend den Anforderungen der meisten Berufe in der Mittelschicht, die mehr Selbständigkeit fordern als die meisten Berufe der Unterschicht, wird in der Mittelschichtssozialisation auf Individualität mehr Wert gelegt, sie darf sich aber nur in bestimmten Bereichen des Lebens entwickeln. Nach außen verhält man sich meistens konform, was die Kleidung, das Auto und die Wohnung angeht. Wird der Konformitätsdruck zu groß, macht sich wieder der Wunsch nach Individualität bemerkbar: in eklatanten Verstößen gegen die Normen der Kleidermode, auch durch das »Individualisieren« eines Autos (in der Unterschicht mehr als in der Mittelschicht). Beim Auto sind dem Individuellen natürlich Grenzen gesetzt, weil man auf vorgefertigte Teile zurückgreifen muß: Heckspoiler oder Alu-Felgen werden in Serie angefertigt; es kann durchaus sein, daß in der Straße oder in dem Stadtviertel, in dem jemand wohnt, ein anderes Auto die gleichen Aluminiumfelgen oder den gleichen Spoiler hat. Manche Menschen, in den USA mehr als bei uns, lassen ihr Auto mit phantasievollen Motiven bemalen.

Gelegentlich manifestiert sich der Protest gegen elterlichen oder gesellschaftlichen Konformitätsdruck in der Wahl eines ausgefallenen Berufs, zum Beispiel studiert jemand Archäologie oder Orientalistik, oder er wählt jedenfalls einen anderen Beruf als der Vater, obwohl dessen Beruf die Tochter oder den Sohn im Prinzip interessieren würde. Aber auch durch die antizyklische Wahl wenig besuchter Urlaubsgebiete (mal Gomera, mal Norwegen) kann man Individualität markieren, durch Begeisterung für einen Schriftsteller, den sonst keiner kennt, oder durch das lobende Herausstellen von Eigenschaften einer bekannten Fernseh-Figur, auf die erst wenige aufmerksam geworden sind oder die niemand als positiv bewertet. Es wirkt also schon individuell, wenn man Eigenschaften oder Phänomene, mit denen sich sonst kaum jemand beschäftigt, für besonders interessant oder wichtig erklärt.

Ich habe oben geschrieben, daß es oft gefährliche geschichtliche Situationen sind, die einen stärkeren Konformitätsdruck erzeugen. Es gibt aber auch Staaten, die da mit Dauerproblemen zu tun haben. In England waren es immer und sind es heute noch die großen Unterschiede zwischen Arm und Reich und die vergleichsweise geringe soziale Mobilität. Die Kasten schließen sich gegeneinander ab und fordern von denen, die ihnen angehören, ein relativ einheitliches Verhalten (sicher auch, um die Kohäsion innerhalb der Kasten zu stärken). In den Vereinigten Staaten mit Einwanderern aus den verschiedensten Ländern, mit ihren unterschiedlichen Sprachen und Lebensgewohnheiten, läßt sich innerhalb der ethnischen Gruppen ein erheblicher Konformitätsdruck beobachten, wie man in ethnisch einheitlich besiedelten Stadtteilen von New York feststellen kann, und vielleicht sind die einheitlichen Vorgärten in der Provinz auch ein Merkmal, das die dort Wohnenden, die ja oft ethnisch einheitlich sind – zum Beispiel sind sie weiß und angelsächsisch – von anderen abgrenzen soll, die ihre Vorgärten vielleicht nicht so ordentlich halten. In den USA wird es ja als ein großes Problem angesehen, wenn Menschen aus einer anderen ethnischen Gruppe in ein Stadtviertel einziehen. Das kann dazu führen, daß die bisherigen Einwohner das Stadtviertel verlassen.

Wer einem Konformitätsdruck standhalten und seine Individualität bewahren möchte, sollte sich, meine ich, Klarheit darüber verschaffen, welche Art die negativen Folgen sein können, die er zu befürchten hat. Sind große Nachteile im Beruf zu erwarten, wenn man eine bestimmte Protestkleidung trägt, kann es sinnvoller sein, den Wunsch nach Individualität in anderen Bereichen auszuleben. Man kann sich einen Konformitätsdruck aber auch nur einbilden. Wer sich um jeden Preis von anderen abheben möchte, sollte sich fragen, ob das nicht mit Konkurrenzängsten zu tun hat, und was sich dagegen machen ließe. Wenn alle unter den gleichen Voraussetzungen starten, wird ja deutlich, wer gut und wer weniger gut läuft und wer am Ziel unter den Ersten ist.

Was mehr geschätzt wird, *Individualität* oder *Konformität*, ist sehr kulturabhängig. In Europa finden sich starke Unterschiede zwischen Osten und Westen. Der Konformitätsdruck im Osten war sicher nicht nur ein Ergebnis der Implementierung kommunistischer Ideologien, sondern auch ein Ergebnis der Hochschätzung der Familie und der geringen Einschätzung des Individuums im östlichen Europa. Die russische (belletristische) Literatur der Zeit vor dem ersten Weltkrieg hat hier sicher ein falsches Bild erzeugt. Sie beschäftigte sich wohl mehr mit den Ausnahmen als mit dem Üblichen und ging gegen das Übliche an.

Andererseits kann man sagen, daß in einer bestimmten Kultur manche Persönlichkeitsstrukturen zur Betonung des Individuellen, andere zur Betonung angleichender Harmonie disponieren. Schizoide Menschen, die ihre Identität ohnehin als gefährdet erleben, legen oft großen Wert darauf, sich von anderen zu unterscheiden. Andererseits können sie aber auch Mitglieder von religiösen Sekten werden, die ein Aufgeben der eigenen Individualität propagieren und fordern. Sie möchten dann mit idealen Objekten verschmelzen. Der Wunsch, sich zu unterscheiden, ist aber häufiger anzutreffen.

Eine Patientin, die eher *schizoid* war, sagte mir einmal: »Wenn ich schon eine Nudel in einem Nudeltopf sein muß, dann möchte ich wenigstens ein Stückchen über den Rand hinaushängen.« Diese Frau sah die Chance eines Sich-Unterscheidens von anderen Frauen übrigens in der männlichen Rolle.

Phobische Menschen sind oft deshalb konformitätshungrig, weil sie nach Harmonie streben. *Depressive* möchten sich anpassen, weil sie die Objekte auf keinen Fall verlieren wollen. *Zwanghafte* unterwerfen sich, wenn sie mit den Vertretern der Macht einverstanden sind. Für *hysterische* Frauen ist ein Aufgeben dessen, was sie von anderen unterscheidet, eine Möglichkeit, sich von dem Konflikt der Identifikation mit der Mutter und dem Vater zu befreien, die bewirkt, daß sie sich in der weiblichen Rolle nicht wohlfühlen. Für hysterische Männer gilt Entsprechendes.

Aus dem Feld gehen oder seinen Handschuh in den Ring werfen

Überall, wo Menschen das gleiche tun, kommt es dazu, daß man verglichen wird und sich vergleicht. In einem Schreibpool wird bald deutlich, wer am schnellsten und fehlerlosesten schreibt. Untersuchungen an Gruppen von Arbeitern in Industriebetrieben haben gezeigt, daß ein Team von Arbeitern zu verhindern sucht, daß jemand zu viel, aber auch zu wenig arbeitet. Wenn einer zu wenig arbeitet, müssen die anderen mehr tun, und wenn einer zu viel arbeitet, steigen die Anforderungen an das Team, die Arbeitsvorgaben werden erhöht. Überhaupt wird in Arbeitsgruppen sehr darauf geachtet, wie sich das Tun des einen auf die Situation des anderen auswirkt. Das gilt zum Beispiel auch für eine Schulklasse, wo ein Druck ausgeübt wird, daß niemand zu viel lernen sollte. Die Schüler lernen dann oft heimlich. Konkurrenz soll unterdrückt oder zumindest nicht offenbar werden.

Konkurrenzsituationen kommen wohl im Leben aller Menschen vor, zumindest in den westlichen Gesellschaften. Konkurrenz fängt schon im Kindergarten und auch zu Hause unter den Geschwistern an, zeigt sich in der Schule beim Lernen und beim Sport, geht an den Universitäten und in den Betrieben weiter, begleitet das Berufsleben. Bei Abiturstreffen vergleichen sich die ehemaligen Mitschüler bezüglich dessen, was sie erreicht haben (ERICH KÄSTNER [1936] sagte in einem Gedicht über eine Abiturfeier: »... und nennen ihre Gehälter«). Konkurriert wird auch mit der Zahl der Kinder und mit ihrer Entwicklung. Die Kinder, wie auch die Ehefrau, sind oft Kleiderpuppen, auf die der Ehemann die Merkmale seines beruflichen Erfolges hängt.

Es gibt Gesellschaften, wie zum Beispiel die nordamerikanische, in denen die Leistung des einzelnen stärker belohnt wird als in anderen Ländern, zum Beispiel stärker als in der ehemaligen Sowjetunion, wo vor allem die Leistung des Kollektivs wichtig war. Auf die wirtschaftliche Produktivität scheint sich Konkurrenz günstig auszuwirken. In letzter Zeit war oft von einer Reform der Universitäten die Rede, die zu einer stärkeren Konkurrenz unter den Professoren in den Bereichen führen sollte, die zur Kritik Anlaß geben, vor allem in der Lehre.

Das Konkurrenzdenken hat aber auch Nachteile. Wenn jemand besser sein will als der andere, ist das ein sogenanntes *Sekundärmotiv*. Arbeitsgebiete werden vielleicht nicht nach dem primären Interesse ausgesucht, sondern nach ihrer Aktualität; das heißt nach der Wichtigkeit, die ihnen die Gesellschaft beimißt. In der Forschung kann es zu Manipulationen von Ergebnissen und zum Zerstören der Ergebnisse anderer kommen, wie man das gelegentlich in Zeitungen beschrieben findet.

Die Gesamtproduktion eines Teams von Wissenschaftlern wird jedenfalls beeinträchtigt, wenn die Teammitglieder nur ihren eigenen Karriereinteressen folgen. Dabei ist es im wohlverstandenen Interesse aller, daß ein Team gut arbeitet, weil es für die berufliche Karriere der einzelnen wichtig ist, aus einem erfolgreichen Team hervorgegangen zu sein.

Wenn jemand sehr stark nach Erfolgen im Beruf drängt, kann er das auch tun, um Mängel in anderen Bereichen auszugleichen. Zwar wird das oft auch Leuten unterstellt, bei denen es nicht zutrifft; es kommt aber vor. Aus heutiger Sicht wird sich schwer herausfinden lassen, ob Napoleon unter anderem deshalb ein so tüchtiger Feldherr wurde, weil er körperlich klein war.

Dagegen kann man immer wieder beobachten, daß Menschen sich gerade in den Bereichen zu profilieren suchen, in denen sie wenig Talent haben. Menschen ohne Entschlußkraft und mit zwei linken Händen und lauter Daumen möchten Chirurg werden, wer auf der Schule Schwierigkeiten in Mathematik hatte, setzt es sich in den Kopf, ausgerechnet dieses Fach zu studieren. Hier liegt wahrscheinlich das große Problem kompensatorischer Bemühungen. Wenn Napoleon die Absicht gehabt hätte, Fechtlehrer zu werden, wäre er da wahrscheinlich mit seinen kurzen Armen nicht weit gekommen. Wird die Kompensation in einem Bereich gesucht, in dem Erfolg möglich ist, kann das Ergebnis positiv sein.

Auch bei Kindern kann erhöhter Einsatz in bestimmten Bereichen die Funktion haben, Schwächen in einem anderen Bereich auszugleichen und das kann auch gelingen. ANNA FREUD (SANDLER u. FREUD 1985) erzählte von einem Jungen, der im Sport schlecht war und später ein bekannter Philologieprofessor wurde. Er hatte sich schon als Kind einem Bereich zugewandt, in dem er besser war als im Sport, nämlich dem Studium von Sprachen.

Schwächen in der Konkurrenz können auch nur vorgestellt sein. So kann ein Mann meinen, daß sein Penis zu klein ist (obwohl er über einen normal großen verfügt), weil er generell wenig Zutrauen in seine Kompetenz als Mann hat. Diese Einschätzung symbolisiert sich dann in der Vorstellung vom kleinen Penis. Ein Mann mit der Phantasie vom kleinen Penis kann dann versuchen, in anderer Weise »groß« zu sein.

Wenn Frauen mit Männern rivalisieren, hat man das früher gern auf einen Penisneid zurückgeführt. Heute nimmt man eher an, daß sich der Neid auf soziale Vorteile des Mannes richtet, die durch den Penis symbolisiert werden. Manche Frauen suchen die Rivalität mit Männern, um von ihnen anerkannt zu werden. In der Beziehung zum Vater haben sie erfahren, daß sie ihm nahe sein konnten, wenn sie sich verhielten wie ein Junge. Wird ein Mann aber als Partner gesucht, funktioniert es im allgemeinen schlecht, wenn die Frau sich ihm wie ein Junge präsentiert. Es ist nur scheinbar paradox, daß Frauen Männern am ehesten nahe sein können, wenn sie sich gerade nicht so verhalten wie ein Mann. Sicher gibt es Männer, die ihre Partnerin nach dem Motto: »Gleich und gleich gesellt sich gern« wählen, häufiger scheint mir aber die Wahl nach dem Ergänzungsprinzip zu sein.

Wenn eine Frau ihre berufliche Karriere aus genuinem Interesse verfolgt, findet sie vielleicht einen Mann, der Arbeit hoch schätzt, sich mit ihr zusammentut und mit ihr zusammenarbeitet. Haben die beiden Erfolg, der sich auch im Finanziellen ausdrückt, können sie sogar Kinder haben und weiter arbeiten; dann nämlich, wenn Hilfspersonen zur Betreuung der Kinder engagiert werden und immer noch so viel Zeit für die Kinder bleibt, daß diese den Hilfspersonen nicht ganz überlassen sind. Den Vätern konzediert man ja meist auch heute noch, daß weniger Zeit nötig ist, um ein guter Vater zu sein, als um eine gute Mutter zu sein. Sind Pflege und Betreuung durch Hilfspersonen möglich, kann aber auch eine Frau eine gute Mutter sein, die täglich nur ein oder zwei Stunden mit dem Kind umgeht. Unsere Oberschicht hat das seit Jahrhunderten praktiziert, und wenn man an unserer traditionellen Oberschicht auch manches aussetzen kann: ganz schlecht ist sie auch wieder nicht.

Die Psychoanalyse hat das *Konkurrenzstreben* lange Zeit reduktionistisch behandelt und auf einfache biologische Gegebenheiten zurückgeführt, vor allem auf die anatomische Ausstattung. Heute wird man sagen müssen, daß *sozialpsychologische Faktoren* eine große Rolle dabei spielen, wie Konkurrenz bewertet wird: positiv oder negativ, wichtig oder unwichtig. In vorstehendem Kapitel wurde das berücksichtigt.

Man sagt, daß Liebe sich in Haß »verwandeln« kann, aber auch Haß in Liebe. Solche »Verwandlungen« haben die Schriftsteller immer wieder interessiert und zur Darstellung angeregt. Wird jemand von einem Menschen, den er liebt, verlassen, oder kommt es in einer Beziehung zu schweren Enttäuschungen oder Kränkungen, kann Haß an die Stelle von Liebe treten. Da er oft die gleiche Intensität erreicht, die auch die Liebe hatte, liegt die Vermutung nahe, daß sich hier etwas umgewandelt hat. In Wahrheit wird aber die Liebe durch den Haß *abgelöst*.

Manchmal hat es den *Anschein*, daß Haß sich in Liebe verwandelt. Das ist in Romanen, Theaterstücken oder Filmen schon oft dargestellt worden. Ich erinnere mich an einen Film mit Brigitte Bardot: In der zentralen Szene wirft Brigitte Bardot sich auf ein Bett und fordert den Mann, der sie liebt, auf, mit ihr zu schlafen, dann solle er sie endlich in Ruhe lassen. In diesem Angebot drücken sich Haß und Verachtung aus. Dann wird abgeblendet, wie das damals üblich war, und die nächste Szene zeigt Brigitte Bardot zusammen mit dem Mann, nachdem sie miteinander geschlafen haben. Beide sind sich einig darüber und sagen es auch, daß sie so etwas Intensives noch nie erlebt haben. Anscheinend ist bei der von Brigitte Bardot dargestellten Frau der Haß in Liebe umgeschlagen.

Was hier, den Gesetzen der Dramaturgie folgend, zeitlich sehr verdichtet dargestellt wird, kommt im Alltagsleben durchaus vor. Man hört immer wieder, daß ein bestimmter Mensch zunächst gehaßt und dann geliebt wurde. Die Psychoanalyse hat dafür verschiedene Erklärungen. Es kann sein, daß die Liebe vorhanden war, aber aus irgendwelchen Gründen unterdrückt werden mußte – zum Beispiel, weil eine Bindung an eine andere Person bestand. Liebe wird dann durch Haß nicht ersetzt, wohl aber verdeckt.

Es kann aber auch sein, daß die zunächst gehaßte und später geliebte Person an eine andere wichtige Person erinnerte, zum Beispiel – bei einer Frau – an den Vater, und daß die

Beziehung zum Vater sich mit der Zeit verändert hat. Es kann zum Beispiel sein, daß die Tochter den Vater liebte und vom Vater geliebt wurde, sich aber zurückgewiesen fühlte, als der Vater zu Beginn der Pubertät nicht mehr so unbefangen mit ihr umging, sie zum Beispiel nicht mehr auf den Schoß nahm. Vielleicht zog er sich sogar gefühlsmäßig von ihr zurück, weil er sexuelle Phantasien, die seine Tochter betrafen, unterdrücken mußte; dabei werden oft auch unverfänglichere positive Gefühle mit unterdrückt oder können nicht mehr geäußert werden. Der emotionale Rückzug des Vaters kränkte und enttäuschte die Tochter, und diese begann, den Vater zu hassen.

In einer Beziehung zu einem Mann, den diese Frau neu kennenlernt, kann eine solche Entwicklung nun in umgekehrter Richtung ablaufen. Zunächst wird der Mann gehaßt, später wird er geliebt, wie ursprünglich der Vater.

Manchmal deutet sich der Umschwung in Träumen an. Die Frau träumt etwa, daß der gehaßte Mann sie sexuell bedrängt. Dabei erlebt sie Lustgefühle, die sie sich nach dem Aufwachen nicht erklären kann; sie hätte doch mit Haß und Abscheu reagieren müssen.

Bei Männern sind solche Entwicklungen seltener. Es kommt nicht so häufig vor, daß eine Mutter sich von einem Sohn in einer Art und Weise zurückzieht, die dieser als kränkend oder enttäuschend erleben müßte. Traditionell haben Frauen im sexuellen Verhalten eine passivere Rolle als der Mann. Das gilt auch für ihre Phantasietätigkeit. Sexuelle Phantasien treten bei vielen Frauen erst auf, wenn ein Mann in sexueller Absicht auf sie zugeht. Mütter scheinen sexuelle Phantasien, die ihre Söhne betreffen, seltener zu entwickeln, und wenn das der Fall ist, phantasieren sie eher, wie der Sohn mit einer anderen Frau umgeht. Ihr Umgang mit den Söhnen wird so weniger durch verbotene sexuelle Phantasien eingeschränkt.

Aber auch die Söhne scheinen weniger häufig sexuelle Phantasien zu entwickeln, die sich auf die Mutter richten. Abgesehen vom Inzesttabu, dem in allen Kulturen bestehenden Verbot sexueller Beziehungen zwischen engen Verwandten, hängt das möglicherweise damit zusammen, daß viele junge (und auch viele erwachsene) Männer es fernliegend finden, sich in jemanden zu verlieben, der sich ihnen gegenüber in einer Autoritätsposition befindet. Es kommt ja auch selten vor, daß ein Patient sich in seine Therapeutin verliebt. Die Beziehung zur Mutter wird deshalb weniger durch beunruhigende sexuelle Phantasien gestört, während manche Mädchen sich durchaus vom Vater zurückziehen, weil bei »harmlos gemeinten« körperlichen Berührungen sexuelle Phantasien auftauchen, die ihn einbeziehen und das Mädchen beunruhigen.

Wird Haß bei einer Frau durch Liebe verdrängt, ist die Haßseite der Beziehung noch nicht ein für allemal erledigt. Der männliche Partner kann mit seinem Verhalten die Haßseite der Beziehung erneut auslösen, zum Beispiel, wenn er sich in einer Art und Weise verhält, die von der Frau so interpretiert werden kann, als vernachlässige er sie, wie der Vater das in ihrer Adoleszenz getan hat. Zum Beispiel kann es sein, daß er wieder öfter in den Sportverein geht, mit Freunden eine Bergwanderung unternimmt, sich mehr dem Beruf zuwendet, den er in der ersten Verliebtheit vielleicht vernachlässigt hat, vielleicht auch weniger zärtlich zu seiner Partnerin ist als in den ersten Monaten der Beziehung. Dann können Haßgefühle auftreten, die den Partner und manchmal auch die Frau selbst überraschen, weil sie durch die gegenwärtige Situation allein nicht erklärt werden können. Die Partner wissen nicht, daß hier etwas aus vergangener Zeit mitschwingt.

Liebe und Haß können nicht nur einander ablösen, sie können sich auch mischen. Liebe *entsteht* in einem Menschen, sie *bezieht* sich aber auf einen bestimmten anderen Menschen und wird durch ihn ausgelöst. Wir tragen innere Bilder mit uns herum, die bewußt, aber auch unbewußt sein können und unsere Partnerwahl auf bestimmte Personen ausrichten, die wir dann nicht nur anziehend finden, sondern auch lieben. Es kann uns dann wütend machen, daß bestimmte Verhaltensweisen nicht auftreten, die aufgrund eines inneren Bildes erwartet wurden.

In der Regel folgt auf das Stadium der Verliebtheit eine realistischere Betrachtung des Partners, wozu auch gehört, daß die Erwartungen wirklichkeitsnäher und meist toleranter werden. In der Regel versteht eine Frau, daß ihr Mann weiter seinem Beruf nachgehen und daß er auch Freunde haben möchte. Viele kleine Abweichungen von dem Idealbild, das sie sich zunächst vielleicht vom Partner gemacht hat, werden ausgehalten; für den Mann gilt Entsprechendes. Oft nehmen die Wünsche an Versorgtwerden zu und die Wünsche nach sexueller Erregung ab; etwas, das die Partnerin oder der Partner nicht in jedem Fall widerspruchslos als selbstverständlich hinnimmt, selbst wenn das bei ihr oder ihm im Grunde genauso ist.

Oft hat die Abnahme sexueller Anziehungskraft einer Partnerin auch etwas damit zu tun, daß die »Frau in der Wohnung« der Mutter ähnlicher wird, die vor allem in einer versorgenden Rolle erlebt wurde. Selten geht es so weit, daß der Mann das erotische Interesse an seiner Frau ganz verliert. Das könnte passieren, wenn das *Inzesttabu* aktiviert würde. Die Vorstellung, Mutter und Sexualität zu verbinden, ist für Männer entlegener als umgekehrt die Vorstellung bei den Frauen, den Vater mit Sexualität zu verbinden. Bei einer Frau kann es zu einem völligen Schwinden sexueller Wünsche an den Mann führen, wenn das Merkmal »Mann in der Wohnung« Inzestphantasien in die Nähe der psychischen Oberfläche bringt.

In Beziehungen gilt ganz allgemein, daß eine basale Sympathie immer wieder durch Anlässe gestört werden kann, sich über den Beziehungspartner zu ärgern. Zwar ist die Ärgerschwelle höher, wenn Sympathie vorhanden ist, sie kann aber doch überschritten werden.

Die häufigsten Schwierigkeiten in Liebesbeziehungen treten schlicht dann auf, wenn das tatsächliche Verhalten des Partners den eigenen Erwartungen nicht mehr entspricht. Es ist dann immer zu prüfen, wie weit die Erwartungen realistisch waren. Oft sind sie überzogen. Es kann aber auch sein, daß es sich um realistische, durchaus erfüllbare Erwartungen handelt, die gerade von diesem Partner nicht erfüllt werden können. Er hat sich vielleicht bemüht, den Erwartungen zu entsprechen, und auf die Signale der Partnerin reagiert, die ihm ein bestimmtes Verhalten nahelegten, konnte dieses Verhalten aber auf die Dauer nicht durchhalten. Das war ihm nur im Stadium der Verliebtheit möglich. Klingt die Verliebtheit ab, verhält er sich wieder stärker so, wie es den eigenen Wünschen und Neigungen entspricht.

Treten in einer Beziehung Haßgefühle auf, die aus der Situation heraus nicht verstanden werden können, und erscheinen die Erwartungen an den Partner realistisch, was man am besten mit anderen Menschen besprechen sollte, kann es sich um Erinnerungen handeln, die durch ein bestimmtes, oft auf den ersten Blick harmloses Verhalten des Partners ausgelöst werden, zum Beispiel um Erinnerungen an Personen aus der Ursprungsfamilie, zu denen eine schwierige Beziehung bestand. Manchmal kommt man schon weiter, wenn man sich die Person vergegenwärtigt, zu der die schwierige Beziehung bestanden hat, und nach Entsprechendem in der jetzigen Beziehung sucht. Sind die Erinnerungen aber verdrängt, kommt man ohne therapeutische Hilfe eben nicht weiter. Oft sind die Ähnlichkeiten an sich belanglos und stören selbst gar nicht, sie schaffen aber eine Brücke zu einer anderen Person mit Verhaltensmerkmalen, die früher einmal aus anderen Gründen abgelehnt wurden.

Manchmal liegen die Gründe für einen Konflikt in einer Beziehung auf der Hand, können aber aus ideologischen Gründen nicht als Ursache für die Schwierigkeiten in der Beziehung akzeptiert werden. Beim Ehegelöbnis versichern sich ja die Partner, in guten und schlechten Zeiten zusammenzuhalten. Eine Partnerin kann sich deshalb oft schlecht eingestehen, daß ihr Partner an Attraktivität abnimmt, wenn er seinen Arbeitsplatz verliert oder andere berufliche Rückschläge erleidet; der Mann kann oft schlecht zugeben, daß er seine Frau mit deren zunehmendem Alter weniger attraktiv findet als jüngere Frauen. Machen die Partner sich derlei klar, dann machen sie ihre Gefühle der Abneigung am Ende vielleicht sich selbst und einander weniger zum Vorwurf, als wenn sie diese Gefühle ganz beiseite gedrängt hätten. Gefühle, die zu unterdrücken viel Energie kostet, belasten eine Beziehung oft weniger, wenn sie trotz ihres ablehnenden Charakters akzeptiert werden. Die Aufmerksamkeit kann sich dann nämlich den positiven Seiten der Beziehung zuwenden. Eine Partnerin kann entdecken, daß der Mann mit dem Verlust seiner Arbeitsstelle im Rahmen des Möglichen kompetent umgeht und im Umgang mit den dadurch entstandenen Problemen eine gewisse Stärke entwickelt, oder daß er in der Lage ist, die Hilfe seiner Partnerin anzunehmen, so daß die Situation nach dem Verlust der Arbeitsstelle gemeinsam getragen und bewältigt werden kann, wobei es verbindet, daß man darin eine gemeinsame Aufgabe hat. Ein Mann kann akzeptieren, daß seine Frau an äußerlicher Attraktivität verliert, aber bewundern, was sie immer noch aus sich macht und wie sie den Nachteil schwindender äußerlicher Attraktivität durch Charme und Humor ersetzt.

Das sind natürlich positive Entwicklungen, mit denen man nicht unbedingt rechnen sollte. Man wird die Augen nicht davor verschließen können, daß heute ein Drittel der Ehen, in Großstädten oft schon mehr als die Hälfte, wieder geschieden wird. Ein Teil dieser Ehen könnte aber erhalten bleiben, zum Vorteil für die Partner und deren Kinder.

Bei Liebe und Haß spielen *Übertragungen* eine große Rolle. Sie bestimmen die Partnerwahl mit und haben einen Einfluß darauf, ob eine Beziehung stabil bleibt oder wieder aufgelöst wird. Im Bereich der Sexualität spielt die Übertragung von Elternfiguren oft eine hemmende Rolle, weil durch sie das *Inzesttabu* aktiviert werden kann. Hemmungen der Sexualität können dann Aggressionen beim Partner hervorrufen, der sich nicht mehr geliebt fühlt.

Es ist nicht wirklich so, daß sich Haß in Liebe oder Liebe in Haß verwandelt. Oft wird ein Aspekt einer Beziehung durch einen anderen abgelöst. Diese Aspekte müssen nicht immer nur die aktuelle Beziehung betreffen. Sie können im Rahmen einer Übertragung etwas mit Personen zu tun haben, zu denen in der Vergangenheit eine Beziehung bestand.

Liebe ist von Verliebtheit zu unterscheiden. Verliebtheit hat viel mit dem zu tun, was FREUD (1905) als »Sexualüberschätzung« bezeichnet hat.

An der Ablösung von Liebe durch Haß sind oft *projektive Identi-*

fizierungen beteiligt. Anfangs schaffen sie durch ihren *interaktionellen Anteil* (z.B. OGDEN 1979, KÖNIG 1982, 1991) die Voraussetzungen für Verliebtheit, indem sie den Partner in ein bestimmtes Verhalten zwingen. Hält der Partner dieses Verhalten aber nicht durch, fühlt sich der projektiv Identifizierende getäuscht. Er merkt nicht, daß er die »Täuschung« selbst durch den interaktionellen Anteil der projektiven Identifizierung hervorgerufen hat.

Auch der Abwehrmechanismus der *Reaktionsbildung* kann eine große Rolle spielen. Haß aus einer früheren Beziehung kann durch Reaktionsbildung verdeckt sein. Versagt der Abwehrmechanismus, kommt der Haß zum Vorschein. Er kann zum Beispiel deshalb versagen, weil die Motive, ihn aufrechtzuerhalten, in der neuen Beziehung nicht so stark sind wie in der früheren.

Festhalten und loslassen

Es nimmt nicht wunder, daß ein Mensch einen anderen, der ihm wichtig ist und den er liebt, für sich und bei sich behalten möchte. Die Partnerin oder der Partner kann das als Zeichen der Zuneigung werten. Es freut die Partnerin oder den Partner ja nicht immer, wenn der Partner oder die Partnerin keine Eifersucht zeigt. Andererseits kann ein Festhalten und Bei-sich-behalten-Wollen die Freiheit des Partners so weit einschränken, daß er rebelliert. Das gilt für Männer wie für Frauen. Ein Festhalten, das der Partner als übertrieben empfindet und gegen das er sich wehren muß, führt dann oft zu dem, was gerade vermieden werden soll: zur Trennung.

Die Beziehung zwischen Eltern und Kindern ist in unserer Gesellschaft auf Trennung, zumindest auf Distanzierung ausgerichtet. Die Trennung oder Distanzierung erfolgt in der Adoleszenz, wo sich die Kinder ihre Vorbilder außerhalb der Familie suchen, in Gleichaltrigen oder in Erwachsenen, die nicht ihre Eltern sind. Damit können sich viele Eltern schwer abfinden. Die Jugendlichen empfinden in der Adoleszenz ein Festhalten aber nicht als Zeichen von Zuneigung, sondern als Zeichen von Bevormundung und von Egoismus. Sie spüren, daß ein solches Verhalten der Eltern sie an wesentlichen Entwicklungsschritten hindern kann, und rebellieren dagegen. Nicht selten kommt es dann dazu, daß ein Adoleszenter oder eine Adoleszente sich losreißt und aus der elterlichen Wohnung auszieht. Das führt dann oft dazu, daß der Ablösungsprozeß vom Elternhaus unterbrochen wird. Sich Losreißen ist eben nicht das gleiche wie sich Ablösen. Solche Jugendliche bleiben dann oft bis spät ins Erwachsenenalter hinein auf der Entwicklungsebene des Adoleszenten (König 1994). Eine rebellische Einstellung zeigt sich dann zum Beispiel gegenüber Vorgesetzten, was die berufliche Entwicklung stören kann. Eltern, die große Angst davor haben, sich von ihren Kindern zu trennen oder zumindest die Beziehung in eine distanziertere Form überzuführen, brauchen eigentlich therapeutische Hilfe, die sie aber selten in Anspruch nehmen; fast nur, wenn ihr Verhalten schon zu einer Charaktersymptomatik beim Kind geführt hat oder wenn das Kind, nachdem es sich losgerissen hat, gerade erst recht in »schlechte Gesellschaft« gerät.

Festhalten und loslassen sind Verhaltensweisen, die während des gesamten Lebenszyklus eine Rolle spielen. Darauf wurde schon im Kapitel über eigene Interessen und die Interessen anderer eingegangen. Probleme treten beim Erwachsenen vor allem dann auf, wenn er den Lebenszyklus nicht ungestört durchlaufen hat. Wer eine bestimmte Entwicklungsphase nicht wirklich mitgemacht hat, wird auch Schwierigkeiten haben, wenn diese Entwicklungsphase mit *vertauschten Rollen* auftaucht, zum Beispiel wenn ein Erwachsener oder eine Erwachsene ein Kind bekommt, aber auch in den gegenseitigen Beziehungen von erwachsenen Partnern, etwa wenn ein Partner krank wird und Pflege braucht.

Daß es von der üblichen Familienform abhängt, ob und wann sich Eltern und Kinder trennen, ist bekannt und wird uns unter anderem durch Gastarbeiterfamilien demonstriert. Wenn ich in diesem Buch von Lebenszyklus spreche, meine ich den Lebenszyklus in einer *bestimmten Kultur,* auch in einer bestimmten *Gesellschaftsschicht.* So ist es in manchen Ländern ja in der Oberschicht üblich, daß die Kinder schon vor Beginn der Pubertät aus dem Haus geschickt werden: Sie kommen in ein Internat.

Der Wandel im sexuellen Verhalten in den letzten fünfzig Jahren läßt erkennen, wie Veränderungen der moralischen Normen und Veränderungen mit den zu erwartenden realen Folgen sexuellen Handelns zusammenwirken können.

Im Krieg wurden deutsche Frauen, die eine Liebesbeziehung mit einem Kriegsgefangenen eingingen, schwer bestraft. Dagegen war es eine Ehre, ein Kind von einem deutschen Mann auszutragen. Durch Ferntrauungen wurden die Belastungen von Frauen, die unverheiratet Kinder von Soldaten erwarteten, gemindert. Die Frauen sollten viele Kinder bekommen. Dahinter trat zurück, daß sie dann eine Zeitlang oder auf Dauer für den Arbeitsprozeß in der Kriegsindustrie ausfielen.

In vielen Familien wurde Selbstbeherrschung als hohes Gut tradiert, was sich auch im Umgang mit der Selbstbefriedigung auswirkte. Auch war der Einfluß religiöser Gemeinschaften erheblich größer als heute, obwohl er mit der vom Staat vertretenen Weltanschauung in einem, meist latent gehaltenen, Konflikt stand. Daß die christlichen Religionen jede sexuelle Betätigung außerhalb der Ehe verboten, wurde nicht so in Frage gestellt wie heute. Homosexualität unter Männern stand unter Strafandrohungen. Auch heute noch gibt es aus der Vorstellung heraus, daß Homosexualität durch Verführung entstehen könnte, Unterschiede im erlaubten Mindestalter der Partner homosexueller und heterosexueller Männer.

Unter den Intellektuellen und Künstlern herrschte auch früher eine gewisse Freizügigkeit sexuellen Handelns. Die Studenten stammten vielfach aus der oberen Mittelschicht, wo zumindest in einem großen Teil der Familien eine gewisse Liberalität herrschte, wie sie an den Universitäten schon in den zwanziger Jahren existierte. Mit dem Anstieg der Studentenzahlen nach dem Zweiten Weltkrieg kamen zunehmend Studenten aus der unteren Mittelschicht an die Universitäten, die strengere Moralvorstellungen hatten, so daß in den frühen sechziger Jahren von vielen Studenten strengere moralische Normen vertreten wurden als kurz nach dem Zweiten Weltkrieg.

Das sexuelle Handeln wurde zunächst durch die Tatsachen beeinflußt, daß es kein wirklich verläßliches Verhütungsmittel gab und Geschlechtskrankheiten lange und aufwendige Behandlungen erforderten, wenn sie überhaupt geheilt werden konnten. Noch in den fünfziger Jahren waren in den klinischen Vorlesungen Patienten mit Spätfolgen der Syphilis keine Seltenheit. Auch als die Antibaby-Pille in Gebrauch kam, wurde sie, wie vielfach heute noch, von den Frauen nur dann eingenommen, wenn sie in einer sexuellen Dauerbeziehung lebten oder in einer Beziehung, in der Sexualität noch nicht gelebt wurde, das aber bevorstand. Zum erwachsenen Sexualverhalten der Männer gehörte der Gebrauch von Kondomen. Ich denke, die meisten wären wohl entrüstet gewesen, wenn man ihnen unterstellt hätte, daß sie Schwierigkeiten haben könnten, damit umzugehen. Kondome wurden von Männern vielfach auch deshalb verwendet, weil man damals noch von einer Frau eher annahm als heute, daß sie im Umgang mit Verhütungsmitteln im allgemeinen unzuverlässiger sei als ein Mann.

Die vielen Gefahren und Schwierigkeiten beim Umgang mit Sexualität, von denen einige durch soziale Normen bedingt waren, andere, wie zum Beispiel das Fehlen verläßlicher Verhütungsmittel, erst durch Fortschritte der Wissenschaft vermindert worden sind, förderten ein Verhalten, das der gängigen Moral entsprach. Im übrigen wurde, vor allem von seiten der Kirchen, auf die Gefahren von Sexualität auch deshalb hingewiesen, weil auf diesem Wege ein moralkonformes Verhalten erreicht werden konnte.

In den sechziger Jahren bewirkten die Pille, aber auch die Möglichkeit, Schwangerschaften (immer noch unter großem Aufwand, aber doch leichter als früher) im Ausland unterbrechen zu lassen, und die Möglichkeit, Gonorrhoe und Syphilis leicht durch Antibiotika zu heilen, wesentliche Veränderungen. Es entwickelte sich eine Protestbewegung gegen die Träger der bisherigen Moralvorstellungen. Sexuelle Normen wurden umgekehrt. Frauen, die sich sexuell verweigerten, wurden ausgelacht. So wie man früher stolz auf Selbstbeherrschung und Verzicht hingewiesen hatte, sprach man nun mit Stolz von freizügigem sexuellen Verhalten. In manchen Wohngemeinschaften ließ man die Kinder bei den sexuellen Handlungen zwischen den Erwachsenen als Zuschauer oder gar als Teilnehmer mitmachen.

Die sogenannte FKK-Bewegung hatte schon früher vertreten, daß Nacktheit etwas »Natürliches« sei, und damit deren sexuelle Bedeutung geleugnet. Nun wurde es als Zeichen von Verklemmtheit angesehen, wenn Eltern sich den Kindern nicht nackt zeigten – unter der Vorstellung, daß Sexualität etwas Natürliches sei und den Kindern die Unterschiede zwischen Männern und Frauen demonstriert werden müßten, damit sie sich sexuell gut entwickelten. Die Selbstbefriedigung erhielt einen neuen Status. Sie wurde als sexuelle Übungsphase anerkannt – eine Errungenschaft jener Zeit, die auch heute noch Bestand hat. Sonst ist man ja von vielem wieder abgekommen. Zum Beispiel hat man herausgefunden, daß die Sexualität von Kindern in bestimmten Phasen ihrer Entwicklung durch freizügige Nacktheit ihrer Eltern eher blockiert wird, weil sie in diesen Entwicklungszeiten, während der ödipalen Phase und auch schon früh in der Adoleszenz, eigene sexuelle Phantasien entwickeln und die Nacktheit der Eltern in diesem Zusammenhang eine überfordernde sexuelle Bedeutung bekommen kann. Heute schlägt das Pendel in die Gegenrichtung aus. Männer und bald wohl auch schon Frauen haben große Angst, körperliche Nähe mit Kindern zuzulassen, weil das vom Kind als Mißbrauch erlebt werden könnte. Während Schwangerschaftsabbrüche auch heute noch relativ leicht möglich sind, ist als derzeit noch unbehandelbare Geschlechtskrankheit AIDS hinzugekommen. AIDS stellt eine wachsende reale Gefahr dar, auch wenn bei heterosexuellen Kontakten die Gefahr statistisch gesehen noch relativ gering ist – außer wenn einer der Partner Kontakt mit anderen Übertragungswegen hat, zum Beispiel bei bisexuellen männlichen Partnern auf dem Wege über homosexuelle Kontakte oder bei Drogenmißbrauch auf dem Weg über Spritzen und bei Blutübertragungen.

Kondome sind kein idealer Schutz. Sie stören nicht nur beim Geschlechtsverkehr, was frühere Generationen von Männern und Frauen tolerierten und als mehr oder weniger nebensächlich ansahen. Es ist nicht ganz einfach, ein Kondom so zu gebrauchen, daß jede Infektionsmöglichkeit unterbunden ist.

Das Aufkommen von AIDS hat eine Gegenbewegung gegen die sexuelle Freizügigkeit der sechziger und siebziger Jahre nicht verursacht, wohl aber verstärkt. Diese Gegenbewegung, in den USA schon verbreiteter als hier, wird sicher durch die berechtigte Angst vor AIDS verstärkt. Ihre Ursprünge hatte sie wohl aber auch darin, daß Sexualität im Erleben vieler Menschen deshalb an Wert verlor, weil Partner »leicht zu haben« waren. Ich vermute, daß die meisten Menschen ein gewisses Bedürfnis verspüren, Schwierigkeiten zu überwinden. Dieses Bedürfnis konnten viele Menschen, deren berufliche Aufstiegsmöglichkeiten gering waren, in der »Eroberung« von Partnerinnen und Partnern ausleben. Eine solche Möglichkeit wurde ihnen durch extreme sexuelle Freizügigkeit teilweise genommen.

Auf die Vorstellungen von einem psychologisch begründbaren, »normalen« sexuellen Verhalten beginnen sich jetzt auch die Ergebnisse der Evolutionspsychologie auszuwirken. Sie betreffen vor allem Unterschiede im Sexualverhalten von Männern und Frauen. Auch die Ergebnisse der Zwillingsforschung zeigen, daß vieles an menschlichem Verhalten nicht umweltbedingt ist, sondern auf Dispositionen zurückgeht, die wir in unserem genetischen Material mitbekommen. In welcher Form sich solche Dispositionen dann entfalten, ist umweltabhängig.

Es gibt aber gewisse Grundmuster, die sich mit großer Regelmäßigkeit durchsetzen. Dazu gehört, daß Frauen bei der Partnerwahl *selektiver* sind. Ein Grundprinzip der Evolutionspsychologie ist, daß ein solches Verhalten es ermöglicht, die eigenen Gene an möglichst zahlreiche Nachkommen weiterzugeben, die ihrerseits infolge einer guten genetischen Ausstattung des Partners oder der Partnerin und einer günstigen sozialen Situation gute Chancen haben, zu überleben und die Gene wieder weiterzugeben. Man spricht von einem *positiven Selektionswert*.

Die Frau kann nur eine begrenzte Zahl von Kindern haben.

Sie wird sich dafür einen optimalen Partner aussuchen: einen, der vom Aussehen her, besonders aber von der gesellschaftlichen Position her, die er erreicht hat, auf eine gute genetische Ausstattung schließen läßt und auch gute Lebensverhältnisse anbieten kann, in denen die Frau mit ihm zusammen ihre Nachkommen aufzieht. Die Bereitschaft des Mannes, mit ihr eine Dauerbeziehung einzugehen, ist für die Frau eine weitere wesentliche Bedingung der Partnerwahl. Das erklärt übrigens auch, zumindest zum Teil, die oft verständnislos kommentierten Verbindungen zwischen jungen Frauen und erfolgreichen älteren Männern, die an jugendlicher Frische verloren haben, oft aber in der Lage sind, gute Bedingungen für das Aufziehen von Kindern zu bieten, zumal in unserer Gesellschaft das in jungen Jahren Erreichte über den Tod hinaus erhalten bleiben kann. Daß solche Frauen dann länger im Alter allein sein werden, ist ein Nachteil, der aber zum Zeitpunkt der Partnerwahl anscheinend nicht schwer wiegt.

Männer suchen in ihren Partnerinnen ebenfalls die Träger durchsetzungsfähiger Gene. Die sozialen Verhältnisse in den meisten Gesellschaften sind bisher so gewesen, daß die Frauen nicht berufstätig waren und so durch eigene Arbeit ihren sozialen Status wenig beeinflussen konnten. Der Status hing vom Lebenserfolg der Väter ab, was wieder ein Hinweis auf durchsetzungsfähige Gene sein kann. Die eigene kompetente Berufstätigkeit der Frauen konnte sich in der Evolution noch nicht auswirken, dafür gibt es sie noch nicht lange genug.

Männer richten sich bekanntlich mehr nach dem Aussehen, als Frauen das tun. Vermutlich wird gutes Aussehen von ihnen mit Gesundheit gleichgesetzt und mit sozialer Attraktivität und sozialem Erfolg in Verbindung gebracht. Hat die Frau eine gutaussehende Mutter gehabt, war diese vielleicht in der Lage, Männer mit einer guten Genausstattung anzuziehen.

In früheren Zeiten war das weibliche Schönheitsideal konstanter und hatte so einen stabileren Selektionswert über die Generationen hinweg. Vielleicht ist übrigens das Attraktive an der »Hilfsbedürftigkeit« von Frauen, wie es sich in vielen Aspekten unserer gesellschaftlichen Umgangsformen, zum Beispiel im In-den-Mantel-Helfen, heute noch ausdrückt, dadurch zu erklären, daß ein mächtiger Mann keine Frau brauchte, die mitarbeitet oder gemeinsam mit ihm gegen Feinde zu Felde zieht. Er konnte sich eine schöne, gesunde, aber nicht unbedingt durchsetzungsfähige Frau »leisten«, so daß solche Frauen möglicherweise von sozial potenten Männern bevorzugt wurden. Sie erhielten den Charakter eines Statussymbols, werteten den Mann auf und wurden von ihren sozial potenten Männern mit guten Genen versorgt. Auch heute noch kann man in der Unterschicht vielfach hören, daß ein Mann Wert darauf legt, seine Frau habe es nicht nötig, zu arbeiten; noch in den fünfziger Jahren war diese Meinung auch in der Mittelschicht oft anzutreffen.

Wenn es um das Weitergeben von Genen geht, hat der Mann aber noch andere Möglichkeiten. Ein Mann kann zum Beispiel, solange das eine Beziehung zur Dauerpartnerin nicht stört, zusätzlich noch mit anderen Frauen schlafen. Mächtige Männer hatten oft viele uneheliche Kinder, etwa Gutsbesitzer, die Leute auf den Ritterburgen, viele Fürsten und Könige; auch in heutiger Zeit wird es von Prominenten berichtet.

Im Vorausgegangenen habe ich dargelegt, wie groß der Einfluß von Verhütungsmitteln und die Möglichkeit eines Schwangerschaftsabbruchs auf das Sexualverhalten sind. Die Prominenten haben nicht so viele Kinder, wie sie haben könnten, wenn es keine Kontrazeption gäbe. Frauen brauchen heute nicht mehr so sorgfältig auszuwählen wie früher, wenn es um eine vorübergehende Beziehung geht, und tun es auch nicht.

Es bestehen aber immer noch Unterschiede, die wohl damit zusammenhängen, daß die Empfängnisverhütung in ihren sicheren Formen eine sehr neue Errungenschaft ist, die sich in der Evolution noch nicht auswirken konnte, jedenfalls nicht auf die Grundeinstellungen, mit denen wir zur Welt kommen. Evolutionspsychologen nehmen übrigens auch an, daß Frauen, die in einer festen Beziehung leben und ein Sexualverhalten zeigen, das denen von prominenten Männern ähnlich ist, sich vielleicht Gene holen möchten, die besser sind als die ihres Dauerpartners. Sie ziehen »heimlich« Kinder eines anderen

Mannes auf, mit dem sie keine Dauerbeziehung eingehen können, der ihnen aber besser gefällt als der eigene.

In den Ländern mit islamischer Staatsreligion darf ein Mann vier Frauen haben. Vielmännerei als Institution kommt dagegen kaum vor. Evolutionspsychologisch ist sie auch wenig sinnvoll.

Wie oben ausführlich dargelegt, kann unser Sexualverhalten nicht nur durch die mitgebrachten Dispositionen beeinflußt sein, das zeigt der große Einfluß von Schwangerschaftsabbruch und Verhütungsmitteln auf das sexuelle Handeln. Bei einem Sexualverhalten, das von den mitgebrachten Dispositionen wesentlich abweicht, kann es aber zu inneren Spannungen kommen; zum Beispiel dann, wenn man einer Frau ihre Selektivität zum Vorwurf macht und sie sich wegen dieser Selektivität für prüde hält. Auch bei einem »Pillen-Vergessen« muß es sich nicht um bewußtes, nur als Vergessen entschuldigtes Täuschungsverhalten handeln. In einem Konflikt zwischen der angeborenen Disposition zum Kinderwunsch und der aktuellen Bedürfnis- und Wunschlage kann es zu Fehlleistungen kommen.

Daß unsere sexuellen Einstellungen sich im Lauf der Zeit so schnell verändern, zeigt, daß starre sexuelle Verhaltensweisen, wie sie zum Beispiel die offizielle katholische Kirche vorschreibt, unter sich wandelnden sozialen Verhältnissen schnell überholt sind.

Insgesamt kann man sagen, daß sexuelles Verhalten in besonderem Maße kulturabhängig ist und daß unsere Gesellschaft und damit ihre Kultur sich in der Nachkriegszeit wesentlich verändert hat. Im Bereich der Sexualität gilt in besonderem Maße, daß *sozialpsychologische* und auch *evolutionspsychologische* Erkenntnisse in den psychoanalytischen Diskurs einfließen sollten und man sich nicht mehr mit reduktionistischen Auffassungen zufriedengeben kann.

Identität: Mehr von der Mutter oder mehr vom Vater

Aus verschiedenen Gründen können sich kleine Kinder von der Mutter vernachlässigt fühlen. Manche Mütter sind schlecht in der Lage, auf ein Kind einzugehen, das sich mit Worten noch kaum oder gar nicht äußern kann, während andere Mütter anscheinend intuitiv erfassen, wie das Kind fühlt, ob es zufrieden ist oder ob ihm etwas fehlt und was ihm fehlt. Mütter, die diese Fähigkeit nicht besitzen, erfühlen die Bedürfnisse eines Kindes wenig, auch wenn sie viel mit ihm zusammen sind.

Kümmert sich ein Mann, etwa der Vater, um das Kind, gilt entsprechendes. Mir sind keine Untersuchungen darüber bekannt, ob Männer im Durchschnitt schlechter in der Lage sind, auf die Signale eines Kindes einzugehen, wie der britische Psychoanalytiker und Kinderarzt WINNICOTT (1990) es angenommen hat. WINNICOTT war sogar der Meinung, daß Frauen nach der Geburt eines Kindes auf kindliche Signale besonders sensibel reagieren, so daß eine Pflegemutter das schlechter könne als die leibliche Mutter oder, allgemein gesprochen, eine Frau nach einer Geburt. In früheren Zeiten war es üblich, daß wohlhabende Leute sich Ammen nahmen, das heißt Frauen, die gerade ein Kind geboren hatten und das fremde Kind dann mitversorgten oder das Kind stillten, nachdem das eigene Kind abgestillt war.

Viele Mütter können wenig Zeit mit dem Kind verbringen, zum Beispiel weil sie berufstätig sind. Mütter, die außer Haus arbeiten, müssen sich eine Mutter-Ersatzperson besorgen. Wenn der eigene Mann das Kind nicht versorgt, kommt vielleicht eine Großmutter oder eine andere Frau, eine sogenannte Tagesmutter, in Betracht. Dagegen wird das oft nicht für nötig gehalten, wenn die Frau zu Hause arbeitet. Deshalb werden Kinder von Frauen, die zu Hause, etwa in einem Einzelhandelsgeschäft, arbeiten, zeitlich besonders oft vernachlässigt. Die Mütter denken, daß sie es schon hören werden, wenn das Kind schreit, bis sie sich ihm aber zuwenden können, vergeht doch einige Zeit, und mit den Gedanken sind sie dann vielleicht bei den Kunden, die im Geschäft auf sie warten.

Besonders schwierig wird es, wenn das Kind unerwünscht war, weil es vielleicht nicht in die Lebensplanung der Mutter paßte. Selbst wenn eine solche Mutter sich bewußt bemüht, das Kind nicht zu vernachlässigen, kann sie sich doch nicht ganz so einstellen wie eine Mutter, der das Kind willkommen war. Manche Mütter übertreiben dann in der entgegengesetzten Richtung. Sie übertreiben die Fürsorge für das Kind, was dann wieder andere schädliche Folgen hat. Schließlich gibt es auch noch den Fall, daß die Mutter krank und deshalb nicht in der Lage ist, sich um das Kind zu kümmern. Dann kommt es sehr auf die Qualität der Ersatzpersonen an. Daß ein Kind, das offen abgelehnt wird, darunter zu leiden hat, muß nicht extra betont werden.

Eine Mutter kann ein Kind auch vernachlässigen, wenn ihm sehr bald ein Geschwisterkind nachfolgt. Daran ist zu denken, wenn Geburten mit geringerem Abstand als zwei Jahre aufeinander folgen. Ist ein Kind zum Beispiel erst ein Jahr alt, wenn das nächste Kind kommt, wird sich die Mutter dem kleineren Kind entsprechend dessen Bedürfnissen mehr zuwenden als dem größeren. Das ältere Kind wird sich nicht erinnern, daß es die gleiche Zuwendung erfahren hat, und selbst wenn es sich erinnern würde, wäre doch der unmittelbare Vergleich *zur gleichen Zeit* eindrucksvoller. Das ältere Kind ist dann von der Mutter enttäuscht. In späteren Jahren (als die Väter sich noch weniger um die kleinen Kinder kümmerten, oft erst nach dem Beginn des Spracherwerbs, heute vielfach schon früher), wendet sich das Kind dann dem Vater in der Hoffnung zu, von ihm mehr geliebt zu werden als von der Mutter.

Emotional karge Frauen können Gefühle dem Kind gegenüber schlecht zeigen. Das wirkt sich oft wie Vernachlässigung aus. In manchen Fällen leidet der Vater ebenso wie das Kind unter einer mangelnden emotionalen Zuwendung und versucht nun, seine emotionalen Defizite durch den Umgang mit dem Kind aufzufüllen. Bedürfnisse des Kindes und Bedürfnisse des Vaters kommen einander entgegen. Ein Mädchen versucht dann vielleicht durch ein kindlich-charmantes Verhalten das Interesse des Vaters zu gewinnen, wenn es merkt, daß der Vater darauf anspringt. Es verhält sich »schon wie eine kleine Frau«.

Wenn der Vater lieber einen Jungen gehabt hätte, kann es sein, daß er es das Mädchen irgendwie merken läßt. Oft sagen solche Väter auch direkt, daß Jungen doch besser und wichtiger sind als Mädchen. Das Mädchen versucht in einem solchen Fall oft, männliche Eigenschaften zu entwickeln, und teilt dann die Meinung des Vaters, daß Jungen wichtiger und interessanter seien als Mädchen. Es spielt zum Beispiel lieber mit Jungen als mit Mädchen und tut Dinge, die Mädchen sonst nicht zu tun pflegen, zum Beispiel steigt es auf Bäume und schlägt sich mit den Jungen.

Ein Junge kann das Interesse des Vaters ähnlich wie ein Mädchen dadurch gewinnen, daß er mehr Emotionalität entwickelt oder zumindest zeigt, als er das sonst getan hätte, mehr jedenfalls als die Mutter. Auch so kann ein emotionales Defizit des Vaters aufgefüllt werden, der sich dem Jungen ähnlich wie einer Frau zuwendet, wenn er von seiner Frau enttäuscht ist. Der Junge vermeidet nun oft jede Auseinandersetzung mit dem Vater und versucht, sich ihm anzupassen. Man spricht von einem passiv-femininen Verhalten. Andere wieder erwecken das Interesse des Vaters durch ausgeprägte Jungenhaftigkeit; der Vater ist dann stolz, daß sein Junge »ein richtiger Junge« ist. So ein Junge kann sich dann zum Beispiel mit gleichaltrigen Jungen schlagen, sich aber nicht mit Vaterfiguren auseinandersetzen. Später wird ein solcher Junge Probleme mit Autoritäten haben, ihnen gegenüber entweder besonders nachgiebig oder besonders rebellisch sein. Im ersten Fall führt der Junge dann als Erwachsener das Verhalten fort, das er früher seinem Vater gegenüber an den Tag legte. Im zweiten Fall holt er nach, was er mit dem Vater versäumt hat.

Da eine gute Beziehung zu einem Menschen dazu anregt, ihm nachzueifern, besonders wenn er in der Entwicklung schon weiter ist als man selbst, nehmen Mädchen, die eine bessere Beziehung zum Vater haben als zur Mutter, Verhaltensweisen an, die man im allgemeinen der männlichen Geschlechtsrolle zurechnet. Sie identifizieren sich mit dem Vater und würden sich eigentlich wohler fühlen, wenn sie Jungen wären, wozu aber das anatomische und physiologische Geschlecht nicht paßt. Andere wieder identifizieren sich mit einer Vorstellung von »idealer Frau«. Die ideale Frau ist eine, die Männer stark anzieht. Solche Frauen übertreiben dann oft ihre weiblichen Geschlechtseigenschaften, sowohl was das Aussehen, als auch was das Verhalten angeht. Ein übertrieben »weibliches« Verhalten kann so bei einer weiblichen Geschlechtsunsicherheit auftreten und soll sie dann überspielen. Frauen, die später auch vom Vater enttäuscht wurden, zum Beispiel weil er sich von der Mutter scheiden läßt und sich von der Familie trennt, wenden sich als Erwachsene oft gegen die Männer und suchen wieder die Gesellschaft von Frauen. Andere versuchen, Eigenschaften im Sinne der weiblichen Geschlechtsrolle noch stärker zu entwickeln, um den »nächsten Mann« zu halten. Weil sie dann aber viel von diesem nächsten Mann erwarten (anderes, als ein Mann einer erwachsenen Frau im allgemeinen bieten will und kann), haben sie es schwer, Männer zu halten, und gehen so von Enttäuschung zu Enttäuschung. Auch sind sie oft im verborgenen ein Stück weit nicht nur mit der Rolle der Partnerin des Vaters, sondern auch mit dem Vater selbst identifiziert. Sie haben dann oft die Tendenz, in einer Beziehung bestimmend zu sein, so wie der Vater das dem Kind gegenüber war. Sie wählen eher weiche und anpassungsfähige Männer, die ähnlich sind wie sie selbst als Kinder dem Vater gegenüber waren, sind aber gleichzeitig früher oder später enttäuscht darüber, daß der Mann nicht so stark und bestimmend ist wie der Vater. Den eigenen Mann setzen sie dann oft herab, die »starken« und »guten« Männer sind außerhalb der Beziehung. Oft wird ein Chef von ihnen bewundert und still geliebt. Eine sexuelle Beziehung zum Chef verbietet sich wegen des auf ihn übertragenen Inzesttabus. Kommt es doch zu einer sexuellen Beziehung, werden sie versuchen, den Chef dem Vater unähnlich zu machen, sie »machen ihn klein«, womit sie wieder die Bestimmenden sind.

Männer, die eine besonders enge Beziehung zum Vater hatten, suchen sich auch später oft Männer, die sie fördern und an die sie sich anlehnen können. Das sind oft Vorgesetzte. Da Vorgesetzte aber nicht Väter sind, auch wenn ihre Rolle bestimmte Aspekte mit der Rolle des Vaters gemeinsam hat, zum Beispiel eben das Fördern einer Entwicklung, sind sie von Chefs oft enttäuscht. Nicht selten wechseln sie häufig ihre Stellen, gehen von einem Chef zum anderen, ähnlich wie Frauen das tun, die von Männern enttäuscht sind.

Man hat früher angenommen, daß Homosexualität auf einem solchen Wege entstehen kann. Männer mit engen Beziehungen zu anderen Männern, besonders solchen in einer ihnen übergeordneten Position, können durchaus heterosexuell sein. Männer, die stark an die Mutter gebunden sind und sich vom Vater vernachlässigt fühlen, haben Schwierigkeiten, sich mit der männlichen Rolle in unserer Gesellschaft zu identifizieren. Unter ihnen scheint der Anteil homosexueller Männer größer zu sein, als sonst in der Bevölkerung, was aber auch damit zu tun haben könnte, daß bei einer homosexuellen Veranlagung der enge Kontakt mit dem Vater gefürchtet wird. Der Junge hält sich vom Vater fern. Der Vater fühlt sich durch den Sohn zurückgewiesen und zieht sich seinerseits zurück.

An den Vater fixierte Männer haben oft Schwierigkeiten in der Auseinandersetzung mit Männern. Rivalitäten können sie nicht austragen, weil es für sie schlimm ist, wenn die gute Beziehung zu einem Mann dadurch gestört wird. Das wirkt sich aus, wenn sie sich gleichzeitig mit einem anderen Mann für eine Frau interessieren oder wenn sie im beruflichen Bereich um eine Stelle konkurrieren. Von den Vätern vernachlässigte Männer, die zur Mutter eine viel bessere Beziehung als zum Vater hatten, wählen oft Berufe, bei denen zumindest einige der Inhalte dem weiblichen Rollenbild nahekommen. Homosexualität scheint diese Tendenz zu verstärken. Es ist aber noch nicht geklärt, welche Rolle die Bindung an die Mutter bei der Entstehung von Homosexualität spielt.

Hat der Vater im Jungen »männliche« Eigenschaften gefördert, kann es sein, daß der Junge später als Erwachsener diese männlichen Eigenschaften überbetont. In Wahrheit ist sich der Junge aber seiner Geschlechtseigenschaften unsicher, weil er Schwierigkeiten in der Auseinandersetzung mit Männern hat - das hat er mit dem Vater nicht geübt. Er fürchtet, anderen Männern im Kampf um Frauen oder um beruflichen Erfolg zu unterliegen, und oft legt er gerade deshalb ein ausgesprochen konkurrierendes Verhalten an den Tag.

Hat der Vater bei einem Jungen mehr das Liebe und Nette im Sinne des weiblichen Rollenbilds gefördert, kann der Junge später als Erwachsener hoffen, von Männern beschützt und gefördert zu werden, wenn er ein ähnliches Verhalten an den Tag legt. In unserer stark hierarchisch strukturierten Gesellschaft hat das oft auch Erfolg. Solche Männer suchen sich dann häufig Frauen mit mehr männlichem Verhalten, vermissen in ihnen dann aber das Emotionale, weil solche Frauen Emotionalität oft der weiblichen Geschlechtsrolle zurechnen und sie deshalb ablehnen. Männlich wirkende Frauen sind für weiche Männer ja oft sexuell attraktiv, ohne aber ihre emotionalen Bedürfnisse zu erfüllen. Das ist sicher mit ein Grund, warum solche weichen Männer ihren Frauen oft untreu werden. Hier wie überall gilt als Grundprinzip, daß fast immer, wenn etwas Extremes gesucht wird, ein extremer gegenteiliger Wunsch unterdrückt wird. Männer von männlich wirkenden Frauen haben oft ein besonders starkes Bedürfnis nach Weichheit und Zärtlichkeit in der Partnerin. Bezüglich der Partnerwahl verhalten sie sich spiegelbildlich zu den Frauen, die einen mehr weichen und zärtlichen Partner suchen, so daß sie mit ihnen zunächst gut zusammenpassen. Die Schwierigkeiten treten dann auf, wenn die Partner merken, was sie am anderen vermissen.

Manche Männer, die ein besonders männliches Verhalten an den Tag legen, weil sie sich nach dem Vorbild des Vaters mit dem männlichen Stereotyp identifiziert haben, gleichzeitig aber wünschten, als Partner des Vaters so zu sein, wie die Mutter, so daß der Vater bei ihnen das gleiche finden könnte wie bei einem Mädchen, können sich auch Partnerinnen suchen, die diese Rolle für sie leben. Der Vater mochte in einem

Jungen ja kein »weibisches« Verhalten und hat deshalb die Identifikation mit der männlichen Rolle gefördert, weshalb jeder gegenläufige Wunsch unterdrückt werden mußte. Die Partnerinnen sind oft sehr attraktive Frauen. Solche Männer versuchen dann, ihre Frau überall zur Geltung zu bringen und sie von anderen Männern bewundern zu lassen. Das hat WILLI (1972) im einzelnen beschrieben.

In diesem Kapitel ging es um den Erwerb einer *männlichen* und *weiblichen Identität.* Natürlich spielen hier kulturelle Faktoren eine Rolle; auch Faktoren, die etwas mit der Schichtzugehörigkeit zu tun haben. Psychoanalytische Erkenntnisse aus den Behandlungen von Erwachsenen und Kindern bieten wesentliche Informationen. Es gibt Grundprinzipien der Identitätsbildung, die sich in einem psychoanalytischen Behandlungsprozeß gut beobachten lassen. Ich habe mich hier vor allem damit beschäftigt, unter welchen Bedingungen, unabhängig vom anatomischen und physischen Geschlecht, eine Identifizierung mit der Mutter und unter welchen Bedingungen eine Identifizierung mit dem Vater gesucht und hergestellt wird. Natürlich nimmt auch die Einschätzung von Männern und Frauen in einer Gesellschaft (und in einer Sozialschicht) wesentlichen Einfluß auf die Motive, sich mit dem Angehörigen des einen oder des anderen Geschlechts zu identifizieren.

Literatur

BADINTER, E. (1993): XY - Die Identität des Mannes. Piper, München.

BISCHOF, N. (1985): Das Rätsel Ödipus. Piper, München.

BUSS, D. (1994): Die Evolution des Begehrens. Kabel, Hamburg.

ERIKSON, E.H. (1971): Kindheit und Gesellschaft. 4. Aufl. Klett, Stuttgart.

FREUD, S. (1905): Drei Abhandlungen zur Sexualtheorie. G.W. V, S. 27–145.

FROMM, E. (1976): Haben oder Sein. 16. Aufl. Deutsche Verlags-Anstalt, Stuttgart 1990.

HEIGL, F. (1987): Indikation und Prognose in Psychoanalyse und Psychotherapie. 3. Aufl. Vandenhoeck u. Ruprecht, Göttingen.

KÄSTNER, E. (1936): Doktor Erich Kästners lyrische Hausapotheke. Atrium, München.

KÖNIG, K. (1974): Die Risikobereitschaft des Patienten als prognostisches Kriterium zur Psychoanalytischen Behandlung. Zschr. f. Psychosom. Med. u. Psychoanal. 20: 304–311.

KÖNIG, K. (1982): Der interaktionelle Anteil der Übertragung in Einzelanalyse und analytischer Gruppenpsychotherapie. Gruppenpsychother. u. Gruppendyn. 18: 76–83.

KÖNIG, K. (1991): Praxis der psychoanalytischen Therapie. Vandenhoeck u. Ruprecht, Göttingen.

KÖNIG, K. (1994): Fixierung in der Adoleszenz und die Folgen. Forum der Psychoanal. 10: 356–362.

OGDEN, T.H. (1979): On projective identification. Int. J. Psycho-Anal. 60: 357–373 (Dt.: Die projektive Identifikation. Forum der Psychoanal. 1988, 4: 1–21).

SANDLER, J. u. FREUD, A. (1985): The analysis of defense: The ego and the mechanisms of defense revisited. Univ. Press, New York.

SANDLER, J. u. SANDLER, A.M. (1983): The »second censorship«, the »three box model« and some technical implications. Int. J. Psychoanal. 64: 413–425.

SAUERBRUCH, F. (1979): Das war mein Leben. Kindler, München.

TANNEN, D. (1993): Du kannst mich einfach nicht verstehen. Goldmann, München.

VOGEL, C. (1989): Vom Töten zum Mord. Das wirkliche Böse in der Evolutionsgeschichte. Hanser, München.

WILLI, J. (1972): Die hysterische Ehe. Psyche 26: 326-356.
WINNICOTT, D.W. (1990): Das Baby und seine Mutter. Klett Cotta, Stuttgart.

Karl König
Kleine psychoanalytische Charakterkunde

2., durchgesehene Auflage 1993. 144 Seiten, Paperback. Sammlung Vandenhoeck. ISBN 3-525-01417-1

Jeder Mensch empfindet und verhält sich so, wie es seine Charakterstruktur zuläßt. Die sechs hervorstechenden Charaktertypen – narzißtische, schizoide, depressive, zwanghafte, phobische und hysterische Struktur – sind allesamt ganz eigener Ausdruck eines Grundkonflikts, der früh im Leben ungelöst geblieben ist.

Tatsächlich treten diese Charakterstrukturen bei niemandem rein auf; aber die eine oder andere herrscht doch vor und bestimmt das Erleben des Menschen, seine Berufswahl und Einstellung zur Arbeit, die Partnerwahl und die Ausgestaltung der Ehe, das Freizeitverhalten und die Genußfähigkeit.

Karl König hat das Buch aus reicher klinischer Erfahrung geschrieben; ein Buch nicht über Patienten, sondern für alle, die für ihr eigenes Verhalten und für das ihrer Mitmenschen ein psychoanalytisches Verständnis suchen.

Karl König
Wem kann Psychotherapie helfen?
1993. 126 Seiten, kartoniert. TRANSPARENT 5.
ISBN 3-525-01700-6

Karl König
Reisen eines Psychoanalytikers
1994. 116 Seiten, kartoniert. TRANSPARENT 8.
ISBN 3-525-01704-9

Christa Rohde-Dachser (Hg.)
Über Liebe und Krieg
Psychoanalytische Zeitdiagnosen. 1995. 215 Seiten, Paperback. Sammlung Vandenhoeck. ISBN 3-525-01427-9

Christa Rohde-Dachser (Hg.)
Beschädigungen
Psychoanalytische Zeitdiagnosen. 1992. 192 Seiten, Paperback. Sammlung Vandenhoeck. ISBN 3-525-01420-1

Christa Rohde-Dachser (Hg.)
Zerstörter Spiegel
Psychoanalytische Zeitdiagnosen. 2. Auflage 1992. 189 Seiten mit 2 Abbildungen, Paperback. Sammlung Vandenhoeck. ISBN 3-525-01414-7

Internationale Erich-Fromm-Gesellschaft
Die Charaktermauer
Zur Psychoanalyse des Gesellschaftscharakters in Ost- und Westdeutschland. 1995. 276 Seiten, Paperback. Sammlung Vandenhoeck. ISBN 3-525-01429-5

Peter Kutter
Liebe, Haß, Neid, Eifersucht
Eine Psychoanalyse der Leidenschaften. 1994. 109 Seiten, kartoniert. TRANSPARENT 13. ISBN 3-525-01713-8

Siegfried Zepf (Hg.)
Diskrete Botschaften des Rationalen
Psychoanalyse jenseits des Common-sense. 1995. 285 Seiten mit 1 Abbildung, kartoniert. ISBN 3-525-45767-7

Siegfried Zepf (Hg.)
Abgründige Wahrheiten im Alltäglichen
Weitere Erkundungen des Irrationalen. 1994. 280 Seiten, kartoniert. ISBN 3-525-45764-2

Siegfried Zepf (Hg.)
Die Erkundung des Irrationalen
Bausteine einer analytischen Sozialpsychologie nebst einigen Kulturanalysen. 1993. 241 Seiten, kartoniert.
ISBN 3-525-45757-X